U0496894

赵 辉 著

社会扶贫项目实施

——企业社会责任与慈善创新视角的案例研究

The Implementation of Poverty Alleviation Projects by Social Forces
—— Case Studies from Perspectives
of Corporate Social Responsibility and Charitable Innovation

中国财经出版传媒集团

经济科学出版社
Economic Science Press

图书在版编目（CIP）数据

社会扶贫项目实施：企业社会责任与慈善创新视角的案例研究/赵辉著．—北京：经济科学出版社，2017．11

ISBN 978－7－5141－8787－8

Ⅰ．①社…　Ⅱ．①赵…　Ⅲ．①企业责任-社会责任-扶贫-案例-中国 ②企业责任-社会责任-慈善事业-案例-中国　Ⅳ．①F279．2

中国版本图书馆 CIP 数据核字（2017）第 299327 号

责任编辑：杜　鹏　刘　悦
责任校对：靳玉环
责任印制：邱　天

社会扶贫项目实施
——企业社会责任与慈善创新视角的案例研究
赵　辉　著
经济科学出版社出版、发行　新华书店经销
社址：北京市海淀区阜成路甲 28 号　邮编：100142
总编部电话：010-88191217　发行部电话：010-88191522
网址：www．esp．com．cn
电子邮箱：esp_ bj@ 163．com
天猫网店：经济科学出版社旗舰店
网址：http：//jjkxcbs．tmall．com
固安华明印业有限公司印装
710×1000　16 开　9．5 印张　200000 字
2017 年 11 月第 1 版　2017 年 11 月第 1 次印刷
ISBN 978－7－5141－8787－8　定价：45．00 元
（图书出现印装问题，本社负责调换。电话：010-88191502）

- 教育部人文社会科学研究规划基金项目（15YJA630104）：
“基于中国社会扶贫情境下的 CSR 项目实施研究：伙伴关系、社会嵌入与绩效”
- 浙江省自然科学基金一般项目（LY15G030033）
- 浙江省哲学社会科学重点研究基地——浙江省农民发展研究中心课题（14JDNF01YB）
- 浙江农林大学科研发展基金人才启动项目（2015FR014）

前　言

国务院《关于进一步动员社会各方面力量参与扶贫开发的意见》（2014）指出，“创新社会参与机制，鼓励引导各类企业、社会组织和个人以多种形式参与扶贫开发”，意在鼓励企业、NGO 等社会力量积极参与农村扶贫事业。事实上，一些优秀企业已经开始以企业社会责任（corporate social responsibility，CSR）项目开展农村扶贫工作，如“输血”型的奥康“爱心接力”计划、万向“四个一万工程”；还有企业开展“造血”型项目帮助农村产业开发，以增加农民收入和就业，并提高当地农特产品的市场优势；也有企业应用自己的网络技术优势，以网络平台开展扶贫等。另外，一些非营利组织也开始实施一些“造血”型扶贫项目，例如，杭州市慈善总会推动实施的淳安县无核柿生产基地慈善扶贫项目，余杭区慈善总会开展的农户慈善扶贫项目等，都具有较强的创新性。但是，对此类创新型扶贫项目的实施行为与效果进行系统分析还相当缺乏，现有文献缺少在社会扶贫项目“如何做”方面的理论构建与拓展，不能为其他企业和非营利组织参与扶贫提供指导。

本书采用案例研究的方法，对 CSR 扶贫项目和基层慈善组织扶贫项目的实施过程进行深入研究，试图拓展有关嵌入性、伙伴关系、CSR 方面的理论，并构建有关基层慈善组织扶贫项目实施的理论框架。本书分为两个部分，第一编主要对企业以 CSR 项目参与扶贫进行多案例研究，先构建出理论框架，然后通过案例数据进行验证。第二编对县镇级基层慈善组织的创新型扶贫项目进行双案例研究，没有理论预设，采用了扎根理论的方法构建相关理论，然后提出基层慈善组织实施扶贫项目的过程和关键因素模型。

第一编，CSR 扶贫项目实施案例研究。以企业推动、深入参与并多方合作为前提，选择企业亲力亲为实施的四个 CSR 扶贫项目作为研究对象，探讨 CSR 扶贫项目“如何做”的问题。基于项目内容，把四个项目案例分成产业开发与慈善捐赠两种类型，并运用多案例研究方法探讨了 CSR 扶贫项目实施中的伙伴关系、结构嵌入及其与项目绩效的关系。研究发现，项目的类型影响到伙伴关系的构建与管理，进而影响到企业所嵌入项目网络的结构特征；项目的网络结构对项目绩效具有明显的影响关系。本研究对 CSR 理论、社会合作伙伴关系理论以及社会嵌入理论做了有益的扩展与补充，同时对企业如何实施 CSR 扶贫也具有借鉴意义。

第二编，基层慈善组织创新扶贫项目实施案例研究。选择杭州市两个区镇级慈善组织实施的助贫和脱贫项目作为案例，运用扎根理论，归纳两个项目“从创意产生到实现效果的过程”，并通过对比分析探讨两类扶贫项目实施的关键因素及差异。研究发现：（1）基层慈善组织的扶贫项目实施就是识别贫困户特定需求、精准选择帮扶对象，以获取合法性、整合外部资源推动项目执行从而实现预期效果的过程，大致经历了驱动因素、创意产生、项目规划、项目执行和项目结果等阶段；（2）慈善助贫项目和脱贫项目的实施在社会功能导向、需要投入的资源和能力种类、体现的精准扶贫政策要求、适用的监督方式和需要重视的关键程序方面差异明显，慈善脱贫项目对贫困户产生的影响更大、溢出效应更强。本研究提出了基层慈善组织实施扶贫项目的过程和关键因素模型，并基于对助贫项目和脱贫项目的比较提出了慈善扶贫项目类型对项目实施的影响模型，也指出了对于地方政府如何推动以及基层慈善组织如何实施脱贫项目和精准扶贫的实践启示。

作者

2017 年 11 月

目　录

第一编　CSR 扶贫项目实施案例研究

第二编　创新扶贫项目实施案例研究

第一编　CSR 扶贫项目实施案例研究

第1章 引 言

1.1 选题背景

现有的关于企业社会责任（corporate social responsibility，CSR）的研究主要集中于探讨“企业为什么要承担社会责任”（Carroll，1999；赵曙明，2009）和“应该承担什么社会责任”（Wood，1991；李维安，2007）两个方面的问题上，涉及下列主题：企业通过履行社会责任行为对企业有何好处，企业社会责任与企业财务绩效的关系（Cochran & Wood，1984；Clarkson，1995；Pava & Krauzz，1996；李正，2006；晁罡等，2008；陈可和李善同，2010；Perrini F. et al.，2011；Tang，Hull & Rothenberg，2012）、企业社会责任与企业竞争优势的关系（石军伟、胡立君、付海艳，2009；张旭、宋超、孙亚玲，2010；McWilliams & Siegel，2011）、消费者及公众对履行社会责任的企业产生了何种好感等（金立印，2006；周祖城和张漪杰，2007；董伊人，2010；Homburg，Stierl & Bornemann，2013）；企业应该履行什么社会责任（周燕和林龙，2005；彭建国，2010）以及企业实际上在履行什么社会责任（鞠芳辉等，2005；章辉美和张桂蓉，2010；Klerkx，Villalobos & Engler，2012；Graafland & Zhang，2014）等。对“企业社会责任如何实施”的研究涉及很少（Lindgreen，et al.，2009），尤其是CSR 项目的实施。

从另一角度看，企业社会责任运动的兴起，本是由于环境破坏、气候恶化、贫困问题、地区发展不平衡、劳动者权益得不到保护等社会问题的凸显与恶化而产生，但从上述 CSR 研究现状可以发现，对 CSR 的研究主要从“企业承担社会责任怎样对企业更有利”的视角进行探讨，忽视了“企业社会责任行为对社会问题解决的作用”视角的研究，即企业社会责任行为的社会效果如何。很多研究者呼吁要开展这方面的研究（Doane，2005；李维安，2007）。

基于上述理论背景，本研究拟在“企业社会责任如何实施”和“企业社会责任行为的社会效果”领域进行探索，以对企业社会责任理论有所拓展。具体来说，本研究将探讨企业实施 CSR 扶贫项目的行为特征及其社会效果。

1.2 研究问题及研究意义

1.2.1 研究问题

随着企业社会责任理念在我国的传播，越来越多的优秀企业开始深入开展 CSR 活动，亲力亲为地实施一些创新度高、可持续性强、参与广泛的 CSR 项目，如“老牛生命学堂”项目、“腾讯微爱”项目、亨通“鹤轩安耆”工程、奥康“爱心接力”计划、华信“萤光支教”项目、万向“四个一万工程”、四川宏达集团西藏阿坝幸福暖冬万里行①等。但对此类项目的实施行为与效果进行系统分析还比较少见，“实践者特别缺少对各种 CSR 实施问题的指导，包括结构、管理、建立与维护、再定位、沟通和绩效评估”（Lindgreen et al.，2009）。而综观国内外对企业社会责任的研究和相关理论，主要集中在“CSR 驱动因素→CSR 战略→CSR 后果”（Bhattacharya et al.，2004；费显政等，2010）这一框架内，对 CSR 实施的相关内容关注较少。

企业开展 CSR 活动有六种模式：公益事业宣传、公益事业关联营销、企业的社会营销、企业的慈善活动、社会志愿者活动和对社会负责的商业实践（科特勒和李，2006）。还有一些学者把企业公益创投和创建社会型企业也列为 CSR 活动的模式（张虎，2010）。笔者的调查发现，企业实施的 CSR 项目不断有新的形式出现，例如，企业帮助农村产业开发（与企业主营业务无关），以增加农民收入和就业并提高当地农特产品的市场优势；企业通过网络技术开展慈善捐赠项目，打造公开、透明的网络慈善平台等。因此，本研究中主要关注这些企业深入参与、涉及多方合作并具有一定创新性的企业扶贫项目，探讨影响它们顺利实施的关键因素。

本研究研究中对一系列企业社会责任项目的调查发现，为促进此类项目的成功实施，企业除了设立一定的部门或者委派专门的人员负责，还要与企业以外的其他部门、组织或个人合作，以保障项目的顺利实施和目标实现。目前，社会合

① “老牛生命学堂”项目、“腾讯微爱”项目、亨通“鹤轩安耆”工程、奥康“爱心接力”计划、华信“萤光支教”项目、四川宏达集团西藏阿坝幸福暖冬万里行项目被公益时报社评为 2012 优秀案例，万向“四个一万工程”项目获得中华慈善奖。

作伙伴关系理论被用于解释社会责任项目中企业与NGO的合作关系，相关研究集中于讨论伙伴关系的建立、实施与结果，或探讨合作伙伴的选择、评估等（Jamali & Keshishian，2009；Walters & Anagnostopoulos，2012）。同时，企业实施社会责任项目时，各项活动都嵌入到项目实施的政治、社会、经济情境中去。例如，政府不仅对经济活动产生影响，也对社会活动产生较大影响，扶贫项目所在地的村、镇、县，乃至市级政府都会影响到项目的实施。因此，企业经济活动的社会嵌入理论，为研究企业社会责任项目的实施提供一个良好视角。更进一步地，也提供一个机会将伙伴关系理论与社会嵌入视角相结合，探讨企业社会责任项目的实施。

这两个理论视角的结合可以帮助我们更好地回答如下的问题：企业在实施CSR扶贫项目过程中，是怎样构建、管理社会合作伙伴关系的，该合作网络呈现出什么样的结构特征，各项目的绩效如何，伙伴关系、网络结构与项目绩效之间的关系如何。

1.2.2 研究意义

本研究在深入分析社会合作伙伴关系、社会网络结构嵌入和公益项目评估等相关文献的基础上，梳理了伙伴关系的演进阶段与关键因素，界定了适合本研究的结构嵌入概念与分析指标，并采用NGO公益项目的绩效评估指标，以经济相对发达、CSR推动较好的浙江企业实施的4个CSR扶贫项目为研究案例，对项目实施中的伙伴关系、结构嵌入和项目绩效进行了系统的分析和讨论，最后提出了相关的假设命题和理论分析框架，具有理论和实践双重意义。

（1）理论意义。本研究的理论意义体现在对现有理论的拓展和补充方面：第一，现有文献仅仅涉及CSR实施中的企业——NGO伙伴关系特征，没有涵盖伙伴关系对CSR项目绩效的影响，本研究不仅探讨伙伴关系特征对CSR项目绩效的影响，还研究了伙伴关系对项目网络结构的影响以及通过网络结构对项目绩效的影响，是对“CSR项目实施”研究的有益扩展和补充，也弥补了“企业实施社会责任的过程”方面的研究不足；第二，现有文献对网络结构特征与绩效的关系存在争议，本研究探讨了CSR实施中的项目网络结构特征及其与绩效的关系，分析了不同的CSR项目类型所需要的网络结构，以及对项目绩效的影响，是对社会网络理论在CSR实施行为领域的有益扩展。

（2）实践意义。企业在CSR实施方面还比较缺乏指导理论，尤其是CSR实施中的伙伴关系、项目网络管理和绩效评价，本研究对于企业如何选择合作伙件、如何管理合作关系、如何管理项目网络以实现预期的 CSR 项目结果具有一定的指导意义。可以帮助企业选择合适的 CSR 项目类型，构建恰当的伙伴关系，嵌入必要的社会网络，获得需要的项目资源，以推动项目顺利实施，达到预定的社会效果，实现从微观层面局部解决贫困等社会问题。

1.3 相关概念界定

为了行文方便，在这里先对本研究中涉及的相关概念进行界定。

（1）企业社会责任项目。是指由企业及其利益相关者（企业、政府、NGO、受益者等）自愿参与的、旨在从微观层面解决某些具体社会问题的活动组织方式。它不同于一个组织内部的行政项目或者经过市场竞争形成的项目，而且其结果有公共产品的特性（Moon，2002）。CSR 项目可能有如下的特点：第一，在局部领域或范围内以某个社会问题的解决为直接目的。第二，解决社会问题的方案（服务、项目）具有公共产品的部分特征。公共产品提供过程的一些特点可能表现出来。同时也会有市场产品的部分特征，因为受益者是自愿选择参加并要承诺做出某种投入的。第三，CSR 项目通常涉及不同的参与者，他们基于解决某个社会问题的共同理想自愿到一起合作。例如，高级 CSR 项目中，企业本着直接为他人、间接为自己的目的，提供资金、人力和管理经验；政府本着促进本地区社会进步的目的提供政策、物资、人力的支持；NGO 本着组织目标的实现提供资金、项目管理经验、人力等；项目承载组织和受益群体本着在相关社会问题解决中受益的目的，投入时间、物资与资金等。当然这些参与者对目标社会问题、受益对象及区域或领域范围，以及经费预算、时间表和结果的理解上是有差异的。

（2）CSR 扶贫项目。企业通过实施 CSR 项目来帮助贫困家庭渡过难关或者增加收入、提升能力甚至实现脱贫，主要体现为项目的助贫、脱贫效果，所以本研究称为 CSR 扶贫项目。

（3）伙伴关系。企业实施 CSR 项目，需要有多方的自愿参与，建立一种合作伙伴关系（Partnerships）。借鉴 Waddock（1988）的定义，社会合作伙伴关系（Social Partnerships）是一种企业与其他领域的组织共同开展工作的承诺，所有的合作伙伴都要投入时间、精力等资源，合作解决影响所有参与方的社会问题，这些问题的解决会使所有参与方受益。

（4）结构嵌入。结构嵌入是社会嵌入理论（Granovetter，1985）的一个重要维度，它主要涉及网络行动者间的多维总体性结构问题，不仅包括网络的整体功能和结构，也关注行动者在网络中的结构位置。对结构嵌入的具体研究重点是网络密度、企业在网络中的位置对企业的行为和绩效的影响。

1.4 研究内容与研究方法

1.4.1 研究内容

基于本研究的主要问题——企业在实施 CSR 项目过程中，是怎样构建、管理社会合作伙伴关系的，该合作网络呈现出什么样的结构特征，各项目的绩效如何，伙伴关系、网络结构与项目绩效之间的关系如何，本研究的主要内容包括以下四个方面。

（1）企业 CSR 项目的类型分析。具体包括 CSR 项目的动机、内容、性质、推动方、组织方式等属性，为后续比较不同类型 CSR 项目在伙伴关系、结构嵌入及绩效方面的差异奠定基础。

（2）CSR 项目实施中的伙伴关系。具体包括伙伴关系的设计、伙伴关系的管理、项目参与方之间的联结关系，以及不同类型项目之间的差异。

（3）CSR 项目实施中的结构嵌入。具体包括每个项目的网络密度、企业网络位置、网络中心性、结构洞指数等特征，以及不同类型项目之间的差异。

（4）CSR 项目实施绩效及其影响因素。具体包括 CSR 项目绩效评价指标的选择与测量，项目实施中的伙伴关系、结构嵌入与项目绩效之间可能存在的影响关系。

1.4.2 研究方法

本研究采用多案例研究方法。案例研究方法适用于回答“为什么”和“怎么样”的问题（Yin，1994）。本研究研究的目的是探讨伙伴关系和结构嵌入性影响企业实施 CSR 项目活动的机制和规律，正是一个“怎么样”的问题。另外，有关企业实施 CSR 项目活动的研究还是一个“黑箱”领域，现有研究尚不充分，因此，案例研究方法适合于本研究研究的探索性分析（Eisenhardt，1989）。

1.5 研究创新点

本研究运用社会合作伙伴关系理论和社会网络嵌入理论，对企业社会责任理论作了一定的补充和扩展，其创新之处主要表现在以下四个方面。

第一，本研究将企业社会责任实施纳入研究对象，探讨了 CSR 项目实施的特征，把 CSR 项目划分为项目开发型 CSR 项目和慈善捐赠型 CSR 项目，并对两种项目的实施进行了比较分析，弥补了现有 CSR 研究框架中从 CSR 战略到 CSR 结果（Bhattacharya et al.，2004；费显政等，2010）之间的研究不足。

第二，本研究把社会网络嵌入（Granovetter，1985）研究的视角引入企业社会责任实施过程的研究。引入社会嵌入性的分析框架，从结构嵌入维度深入分析社会嵌入性对企业实施 CSR 项目的具体影响，是研究视角的创新。

第三，本研究在 CSR 实施领域对结构嵌入理论进行了一定的补充或拓展。在结构嵌入理论中，关于网络结构对于企业行为的意义方面，存在着不同的观点。例如，Burt（1992）的结构洞理论认为，松散的网络有利于嵌入其中的企业获得非冗余信息，且处于结构洞的行为主体能获得基于位置的竞争优势；但 Coleman（1984）的社会资本理论认为，紧密网络能促进成员间的信任与合作，从而利于企业社会资本的形成。本研究认为，在 CSR 项目实施领域这两种观点并不互相矛盾，不同的网络结构对于特定类型的 CSR 项目实施都是有价值的，如产业开发型 CSR 项目，牵涉与产业相关的多个方面的参与者，需要企业建立规模较大、相对松散的网络结构，以获取异质性资源；而对于慈善捐赠型 CSR 项目，除受助人外，涉及的参与方较少，需要企业建立规模小、相对紧密的网络结构，有助于提高项目的实施效率。但是，不管何种类型的网络结构，只有企业在网络中处于主导地位，对项目实施具有足够的影响力和控制力，才能保证项目的顺利实施和良好绩效。

第四，本研究对 CSR 实施中的伙伴关系理论进行了拓展。探讨了中国情境下 CSR 项目实施中的伙伴关系特征，并分析了伙伴关系中目标一致性（Seitanidi & Crane，2009）、决策权、信任（Walters & Anagnostopoulos，2012）等因素对项目绩效的影响；还把伙伴关系（Waddock，1988；Selsky & Parker，2005）理论与结构嵌入（Granovetter，1985）相结合，探讨了合作伙伴特征（Jamali & Keshishian，2009）、合作伙伴规模等因素对结构嵌入性特征的影响，进而影响到 CSR 项目的绩效，指出了项目网络中的企业地位（Wasserman & Faust，1994）、结构洞（Burt，1992）、网络密度（Hansen et al.，2001）等因素在伙伴关系与项目绩效之间的中介作用。

1.6　本研究的结构安排

根据以上研究内容，本研究的结构框架如图 1－1 所示。

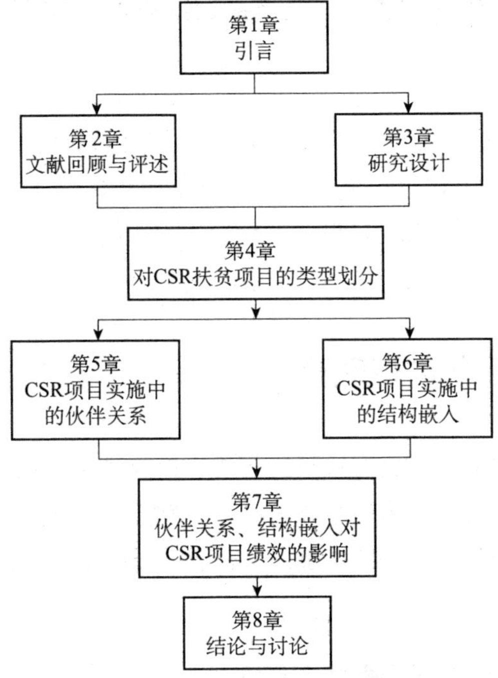

图 1－1　本研究结构框架

第 2 章　文献回顾与评述

本章将对相关理论和研究文献进行综述。首先回顾企业社会责任理论，包括企业社会责任的动机、内容、结果，以及企业社会责任实施（CSR Implementation）方面的研究文献；其次分别回顾社会合作伙伴关系、结构嵌入和公益项目绩效评估方面的理论及文献；最后对文献回顾进行综合述评。

2.1　企业社会责任理论

企业社会责任受到关注已有近百年历史，但受到广泛研究还是近 20 多年的事情。相关的研究主题可分为四个方面：企业为何要承担社会责任、企业社会责任的内容、企业履行社会责任的结果以及企业社会责任的实施。本章重点回顾企业社会责任实施的相关文献。

2.1.1　企业为什么要承担社会责任

企业社会责任话题的兴起源于人们对人类社会发展所面临的如下各种挑战的觉醒：环境恶化、气候变化、持续的贫困、贫富差距、资源占有的不平等、人权侵犯等（Wartick & Cochran，1985；Donaldson & Preston，1995；马力和齐善鸿，2005；吴知锋，2008；彭建国，2010）。具体地讲，CSR 是指企业要以对顾客、供应商、雇员、股东、社区及其他利益相关者和环境负责的方式来从事经营活动，即要考虑社会利益，这超越了传统意义上企业合法经营的责任（Wood，1991；赵曙明，2009；周祖城，2011）。企业社会责任行为的推动力量，一方面来源于企业生存、竞争定位、扩张、利润或权力的需要；另一方面来源于社会问题解决的需要，因为企业是社会问题的一部分，也需要成为解决方案的一部分（Freeman，1984；Swanson，1999；贾生华和郑海东，2007）。

企业进行 CSR 活动的目的可分为如下四个方面：一是为了吸引优秀员工，因为一些员工更愿意在有社会责任意识的公司就业；二是风险管理，即 CSR 帮助建立一种“做正确的事”的文化，能帮助企业抵御风险；三是品牌差异化，即基于独特的道德价值可能使公司品牌区分于竞争对手；四是避免政府干预，即企业可以通过 CSR 表明公司在很好地处理环境、健康、安全等事项，能帮助企业更好得到政府支持（Wood，1995；Jones，1995；陈宏辉和贾生华，2003）。

2.1.2 企业应承担什么社会责任

Carroll（1991）把 CSR 划分为经济责任、法律责任、伦理责任和自由决定的责任（discretionary responsibility）四个层次。经济责任是基本责任，处于最底层；然后是法律责任，期望企业遵守法律；再上一层是伦理责任，指企业有义务去做那些正确的、正义的、公平的事情，还要避免或尽量减少对利益相关者（雇员、消费者、环境等）的损害；最上层是自由决定的责任，寄望企业成为一个好的企业公民，履行其自愿的慈善责任，为社区生活质量的改善做出财力和人力方面的贡献。Dahlsrud（2008）基于 37 个 CSR 定义归纳了 CSR 的五个维度：环境、社会、经济、利益相关者和自愿责任。Jamali（2007）简化了 Carroll 提出的 CSR 金字塔模型，把经济责任、法律责任和伦理责任归纳为强制性 CSR，把自由决定的责任称为自愿性 CSR，并根据责任动机把自愿性 CSR 进一步划分为战略性企业社会责任和利他性企业社会责任。战略性 CSR 是指对企业具有战略价值的自愿性 CSR，企业通过实施 CSR 来获得商业利益，即通过做好事来获得好处；利他性 CSR 也是一种自愿性 CSR，但企业难以通过实施 CSR 来获得商业利益（Lantos，2001）。也有学者认为自愿性 CSR 只是指公益行为或慈善责任（陈迅和韩亚琴，2005；陶晓红和曹元坤，2011）。

总体来看，可以把企业承担的社会责任简单地区分为两个层面（Frederick，1983；杜中臣，2005；高尚全，2005）：一是基本层社会责任（少做坏事），即企业在其经营过程中遵守法律法规，减少对环境和对社会的负面影响；二是高级层社会责任（多做好事），包括向社会提供优质廉价的公共服务，通过捐赠和参加慈善活动参与社会问题的解决，如帮助教育、支持社区发展，以及帮助贫困地区发展、支持体育与卫生事业、参与灾难救助活动等。在第二个层面，简单捐赠行为是社会责任的简单形态，而有效形式应是企业将与社会责任相关的活动融入企业业务流程管理中，实现企业经济效益与社会公共福利的双赢（杜中臣，2005；郭沛源和于永达，2006；赵曙明，2009；徐尚昆，2011）。

对于高级的某些企业社会责任行为，一些学者用了“社会投资”这个概念来解释，并将其定义为用企业的架构、市场的方式大规模、高效率地解决社会问题，使得社会效益最大化（汤敏，2006；王洋，2008）。

目前已经有很多政府和世界组织、非政府组织（NGO）发布各种行为规则（soft law）来指导企业规范自己的社会责任行为。例如，美国 AccountAbility 发布的 AA1000；联合国发布的 Global Contract 要求企业在保护人权、尊重和保护劳工、保护环境、反贿赂等方面遵循一定原则。欧盟（EU）启动了支持 CSR 的多种立法工具，以在产业和地区层次形成多利益相关者共同参与和制定的政策，目的是提升企业 CSR 活动的透明度、效果、合法性。这些通常被称为政府或 NGO 与企业的共律倡议（co-regulatory initiative）（Moon，2002；Doane，2005）。

2.1.3 有关企业履行社会责任结果的研究

大量的研究从企业的角度探讨履行社会责任对企业带来的利益。最典型的是研究企业社会责任行为与企业财务绩效的关系（Cochran & Wood，1984；Clarkson，1995；Pava & Krauzz，1996；李正，2006；晁罡和袁品等，2008；陈可和李善同，2010；Perrini F. et al.，2011；Tang，Hull & Rothenberg，2012）、企业社会责任与企业竞争优势的关系（石军伟、胡立君、付海艳，2009；张旭、宋超、孙亚玲，2010；McWilliams &Siegel，2011）以及企业社会责任行为对消费者的影响（金立印，2006；周祖城和张漪杰，2007；董伊人，2010；Homburg，Stierl & Bornemann，2013）。

一些学者已经认识到 CSR 项目（特别是高级 CSR）的特殊性，即是由不同利益相关者（企业、政府、NGO、受益者等）自愿参与的项目，不同于一个组织内部的行政项目或者经过市场竞争形成的项目，而且其结果有公共产品的特性（Moon，2002）。但只有少量学者对企业社会责任活动的实施过程和特点进行研究，如郭沛源和于永达（2006）对我国光彩事业中，企业通过在贫困地区建立农业项目帮助农民的扶贫活动进行了描述。有学者建立了企业社会责任行为的标准运作模式（standard operation model，SOM），以帮助评估 CSR 产生的影响，但目前这样的评估几乎还没有做过或公布过（Rugie，2004）。以下是对有关 CSR 实施研究的详细梳理。

2.1.4 有关企业社会责任实施的研究

现有文献对企业社会责任实施的研究主要包括两个方面：一方面是从整个组织的层面探讨企业社会责任的实施，如 CSR 导向的实施；另一方面聚焦于具体项目层面的企业社会责任实施。

（1）组织层面的企业社会责任实施研究。组织层面的企业社会责任实施研究主要集中在两个视角：一是从组织自身视角研究企业社会责任的实施过程；二是从组织利益相关者角度研究企业社会责任实施。

第一，从组织自身视角对企业社会责任实施的研究。在少量探讨 CSR 实施的文献中，大部分研究集中于关注组织内部实施 CSR 导向或战略的阶段、过程及其关键因素。例如，Khoo & Tan（2002）借鉴“澳大利亚企业卓越框架”，提出了把组织从初始状态转型到一个对社会负责的、可持续性组织的四阶段循环过程：一是准备（涉及领导和战略规划）；二是转化（涉及人和信息管理）；三是实施（涉及把可持续性嵌入到公司程序中）；四是可持续的商业结果（涉及对该系统的绩效的审查）。Panapanaan et al.（2003）把 CSR 管理划分为五项基本活动：组织和结构、计划、实施、监控与评价、沟通与报告。但是，他们强调在 CSR 管理之前的两项活动限定了对 CSR 管理的承诺：CSR 评估（CSR 主要领域和 CSR 相关因素的识别）和做出是否继续管理 CSR 的决策。Werre（2003）提出的企业责任实施四阶段模型更为具体，包括提高高层管理者的认知、制定企业责任愿景和核心价值观、变革组织行为和稳固变革。Cramer（2005）强调了利益相关者的重要性，构建了 CSR 战略的制定和实施的非时序过程：一是列出利益相关者的期望和需求；二是制定关于企业社会责任的愿景和使命，如果需要，制定行为规范；三是发展关于企业社会责任的短期和长期战略，应用战略并设计一个行动计划；四是建立一套监督和报告系统；五是通过把它锚定于质量和管理系统而嵌入该过程；六是向内部和外部沟通该方法和得到的结果。Maignan et al.（2005）从营销的视角探讨 CSR 实施过程，强调了利益相关者反馈的重要性，具体包括八个步骤：找出组织的价值观和规范、识别利益相关者和他们各自的显著特点、识别关键利益相关者关心的主要问题、评估 CSR 的某种意义使其匹配相关利益组织、审计当前实践、优先化并实施 CSR 变革和活动、通过创造知晓度和使利益相关者介入促进 CSR、获得利益相关者的反馈。

在上述研究的基础上，Maon，Lindgreen & Swaen（2009）把组织变革的力场模型、质量管理的过程改进循环思想整合入企业的 CSR 实施过程，结合 IKEA、Philips 和 Unilever 三个企业案例，构建了包含四阶段、九个步骤的 CSR 实施整合框架（见图 2－1），并指出了 CSR 实施过程的关键成功因素（见表 2－1）。

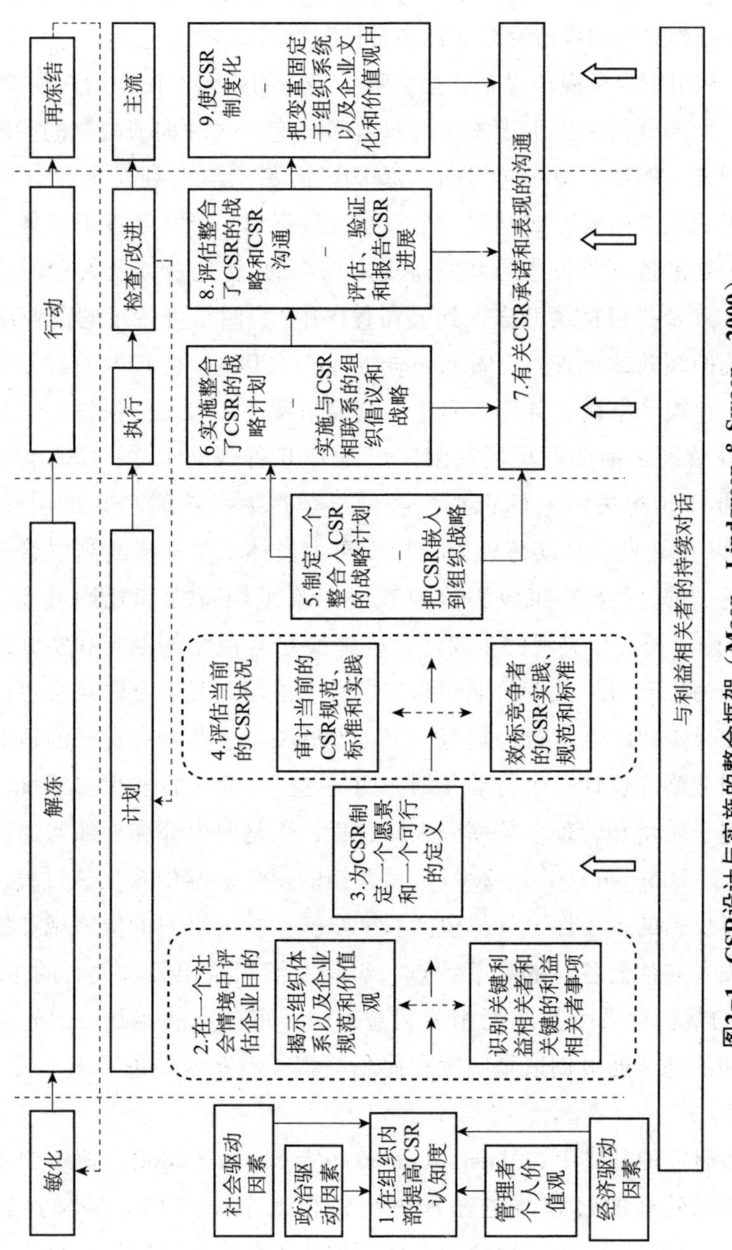

图2-1 CSR设计与实施的整合框架（Maon，Lindgreen & Swaen，2009）

表 2－1　　　　　　　　　**CSR 实施过程的关键成功因素**

<table>
<tr><th></th><th>计划</th><th>执行</th><th>检查/提高</th><th>主流化</th></tr>
<tr><td rowspan="2">企业</td><td>把 CSR 愿景和倡议与组织的核心价值观和能力相联系
通过官方文件正式化 CSR 愿景</td><td>/</td><td>把错误看作学习和提高 CSR 计划和政策的一个机会</td><td>/</td></tr>
<tr><td colspan="4">得到关键人物的承诺（董事、所有者、高级管理者）
使关键利益相关者参与到 CSR 过程</td></tr>
<tr><td rowspan="2">组织工作</td><td>建立在现有的组织结构和程序之上</td><td>确保组织具有实施转型的内部技能
对 CSR 相关问题的员工培训</td><td>把错误看作学习和提高 CSR 计划和政策的一个机会</td><td>强调新的组织行为与成功之间的关系</td></tr>
<tr><td colspan="4">培育伦理/CSR 拥护者的存在
以长期参与而不是快速解决方案的方式思考</td></tr>
<tr><td rowspan="2">管理者</td><td>/</td><td colspan="2">创造围绕 CSR 的热情和可信性（通过提供对进展的定期更新）</td><td>奖赏那些创造 CSR 成功的人</td></tr>
<tr><td colspan="4">认识到领导的关键作用</td></tr>
</table>

资料来源：Maon，Lindgreen & Swaen（2009）.

Graafland & Zhang（2014）调查了中国企业的 CSR 实施情况和面临的挑战，针对 109 家企业的调查发现，企业实施 CSR 时采用一些通用性工具已经相当常见，例如，大部分样本企业已经建立了内部行为准则和公共行为准则，与供应链上的其他企业合作以实现 CSR 目标，参与地方政府或社会组织在当地的活动以实现社会或环境目的，参与 ISO 认证，为管理层和其他员工提供 CSR 培训。但是，他们发现企业对 CSR 经济维度的关注更强于社会和环境维度，在制定具体目标并报告目标实现情况方面更为常见。在 CSR 实施的挑战方面，大部分企业把强大的竞争压力作为一项挑战，很大一部分企业把政府和 NGO 的支持不足和 CSR 实施的高成本看作挑战，只有 1/5 的受访者认为顾客不关心 CSR 是一种挑战；从企业内部来看，缺少相关的人力资源和专门知识是最大的障碍，尤其是如何在 CSR 社会维度和组织内部措施方面制定具体的目标并监测目标的实现情况。

第二，从组织利益相关者视角对企业社会责任实施的研究。在少量探讨 CSR 实施的文献中，个别研究聚焦于消费者对 CSR 成功实施的影响和雇员对 CSR 成功实施的反应态度、影响等。Alan & Sara（2009）提出消费者对 CSR 行动（Initiatives）的认知是 CSR 成功实施的先决条件。他们针对澳大利亚银行业的 CSR 行动，对银行管理者进行定性研究，并对消费者进行定量研究，结果显示消费者对 CSR 行动的认知水平较低，消费者对银行参与解决的许多社会问题的理解程度也很低。虽然理论上 CSR 对诱发有利的消费者态度和行为是有效的，但 CSR

在市场中的普遍有效性还没有得到证明。消费者对 CSR 活动所涉及社会问题的低知晓度说明，公司需要教育消费者，以使他们把 CSR 活动更好地与有关背景联系起来。但是，如果消费者对 CSR 活动报道的感知与企业价值观和伦理的其他方面不一致，再多的背景也没有什么价值。

Rodrigo & Arenas（2008）调查了雇员对本企业成功实施 CSR 活动的反应态度，分析结果显示，CSR 活动的成功实施产生了两种类型的雇员反应态度：对组织的态度和对社会的态度。这两类态度能够被进一步分解为四种类别：一是接受组织的新角色；二是认同组织；三是意识到自身工作的（社会）重要性；四是产生社会正义意识。基于雇员对 CSR 实施活动在这四种反应态度上的表现，可以把雇员分为 3 种类型：坚定支持的员工、中立的员工和反对的员工，他们在所处的组织层次、工作类型、年龄和薪酬水平等方面存在差异。Blackman，Kennedy & Quazi（2013）应用组织学习理论，探索员工的 CSR 导向、心智模式，以及对组织所提倡和展现的价值观的评价如何影响 CSR 计划和行动的成功实施。个人与组织间 CSR 导向的张力可能致使个人撤销对 CSR 活动和行为的支持，该张力可能进而引起个体的更多工具性行为，并主动破坏 CSR 的努力。个体层面的 CSR 心智模式的发展会受到组织行为和沟通的促进，其变化方向和结果取决于由动机所代表的组织真实性，以及有效评估员工意向并作出回应的能力。

Risso（2012）提出，在国际供应链中实施 CSR 时，不同跨国公司对供应商的要求可能存在冲突，这需要跨国公司之间形成共享的行为准则和审计机制，使跨国公司及其供应商通过应用协调、一致的 CSR 原则而获益，避免在管控不符合 CSR 原则的行为中的低效、混乱和高成本。

（2）项目层面的企业社会责任实施研究。少量文献从项目层面对 CSR 实施进行了探讨，内容涉及项目参与方的属性特征、影响项目实施的环境因素以及 CSR 项目成功实施的关键因素等。Jonker Jan & Nijhof André（2006）研究了 CSR 项目合作中企业、非政府组织的期望、体验以及它们之间的差距，以设计企业与非政府组织之间的对话与合作。两位作者构建了企业、非政府组织的期望、体验差距模型（见图 2－2），以测量非政府组织的需要和期望与企业的需要与期望的匹配程度。并且开发了测量期望的工具，包括 35 个指标，分为七个方面：问题（issue）、合作（collaboration）、价值观（values）、合法性（legitimacy）、独立性（independence）、透明度（transparency）和影响（impact）。作者希望通过该工具的使用，支持企业和非政府组织以明确、透明的方式建立 CSR 合作关系。参与合作的各方在开始阶段评估对方的要求和期望，确定所期望的合作关系特征，并进行沟通。

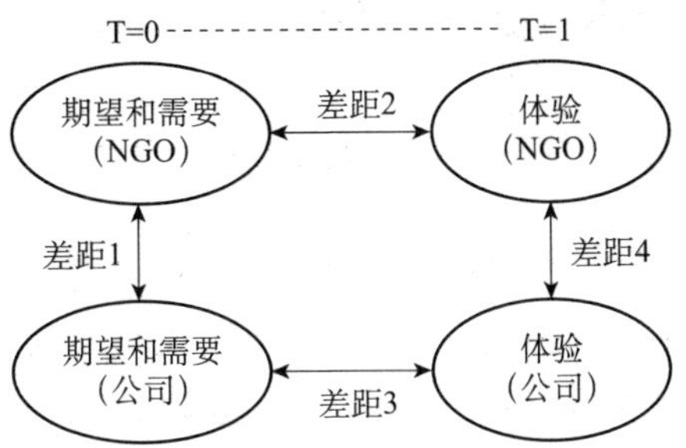

图 2-2 企业、NGO 期望和需要差距模型（Jonker & Nijhof，2006）

Egels-Zandén Niklas & Kallifatides Markus（2009）从制度理论视角深入研究了 Asea Brown Boveri（ABB）公司在坦桑尼亚的一个村庄实施的“通电”（access the electricity）项目。该项目作为联合国全球公约（UN Global Compact）支持的 CSR 项目，由 ABB 与 WWF（World Wildlife Fund）共同实施，在实施过程中出现了一连串的不同参与者之间的权力和利益冲突，协调这些冲突的过程和结果，产生了对当地的制度环境的挑战，并预示着当地村庄的制度环境的改变，但是并没有对国际制度环境（联合国全球公约中的十条企业责任实践原则）产生挑战，原因在于，ABB 公司的地方项目经理和国际项目经理对项目实施过程中的冲突信息以及与全球公约原则不一致的信息进行了过滤，从而使项目结果与全球公约的原则相一致，所以没有向国际利益相关者呈现出项目成员对全球公约原则提出的批评。出现这种制度挑战的不平衡性，原因在于 ABB 公司在当地实施 CSR 项目时处于价值观制定者角色，而在国际制度层面属于价值观接受者角色。

Werner Wendy J.（2009）研究了在孟加拉国实施的 CSR 项目，以解决对边缘人口的社会排斥问题。他认为，企业可以通过三种途径促进健康和发展：一是提供就业；二是社区发展和慈善；三是核心业务 CSR 战略。其中前两种属于传统的（traditional）CSR，最后一种是战略型（strategic）CSR。Werner 分析了五个战略型 CSR 项目，认为把受社会排斥人口作为雇员、供应商、分销商或顾客融入企业的商业活动中，有助于这些人口的能力提升和资源开发，并归纳了这些项目成功实施的共同特征和关键因素：一是 CSR 项目是核心业务运营的一部分（产品、制造、销售等）；二是与 CSOs（Civil Society Organizations）、NGOs 或捐赠人建立合作伙伴关系，以使企业专注于项目的业务方面；三是通过匹配技能、能力和资源，CSR 项目创造了社会排斥人群与企业之间的双赢。

2.2 社会合作伙伴关系理论

2.2.1 社会合作伙伴关系的定义与类型

所谓社会合作伙伴关系（social partnerships），又被称为跨部门合作伙伴关系（cross-sector partnerships），是指来自社会不同领域的组织为了实现某种目的而形成的合作伙伴关系（Waddock，1988；Googins & Rochlin，2000；Seitanidi & Crane，2009），如根据 Waddock（1988）的定义，社会合作伙伴关系（social partnerships）是："由某家或某组企业作出的一种承诺，与来自不同经济部门（公共的或非营利的）的组织共同开展工作，它涉及来自所有合作方的个体作出的资源承诺，包括时间和努力；这些个体共同协作，解决影响他们的问题，这种问题至少能够被部分界定为社会问题，它的解决有益于所有合作伙伴。社会伙伴关系解决那些超越组织边界和传统目标、处于传统公共政策范围——社会领域中的问题，它需要各方的主动而不是被动的介入，参与者必须作出不仅仅是金钱的资源承诺。"社会合作伙伴关系作为"组织间的社会问题解决机制"（Waddoch，1989），主要解决社会问题（例如，教育，健康，环境），通过联合组织的资源，提供有益于合作伙伴和整个社会的解决方案（Seitanidi & Crane，2009）。Selsky & Parker（2005）把社会合作伙伴关系称为"社会导向的跨部门合作伙伴关系（cross-sector social-oriented partnerships，CSSPs）"，包括四种类型（four arenas）：企业—非营利组织合作（business-nonprofit partnerships）、政府—企业合作（government-business partnerships）、政府—非营利组织合作（government-nonprofit partnerships）、三部门之间合作（trisector partnerships）。Seitanidi & Crane（2009）形象地展示了社会合作伙伴关系的类型，如图 2－3 所示。不同类型的社会合作关系所涉及的重点合作领域有所不同，企业与非营利组织的合作范围包括社会问题和社会事业（social issues and causes），集中于环境问题和经济发展活动，也包括健康、公平和教育问题；政府与企业的合作不直接针对社会问题或社会事业，但集中于基础设施开发和公共服务，例如具有重要社会影响的水利和电力；政府与非营利组织的合作包括外包公共服务和"第三种"公共政策途径；政府、企业、非营利组织来自三个部门的成员之间的合作主要针对大型的全国性或国际性多部门项目，也包括次国家性的项目，对其研究主要集中于经济和社区发展、社会服务、环境问题和健康（Selsky & Parker，2005）。

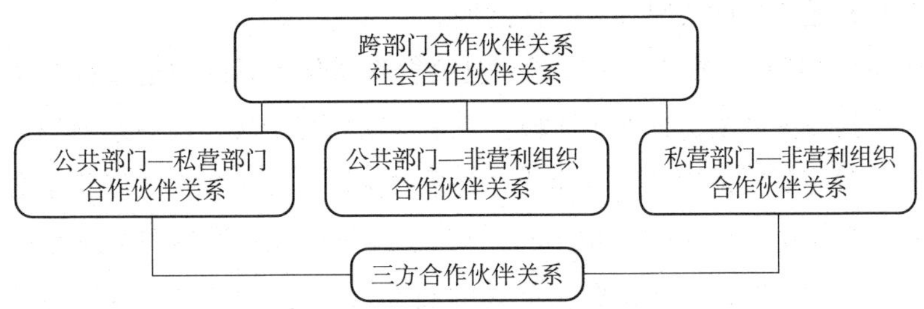

资料来源：Seitanidi & Crane，2009.

图 2－3　跨部门社会合作伙伴关系

基于社会问题的可分性（divisibility），Waddock Sandra A.（1991）提出了社会合作伙伴关系（social partnership）的分类，以促进对社会领域中的组织合作运作方式的理解。Waddock（1991）确定了两个决定合作伙伴关系类型的关键因素：问题解决中组织间相互依赖程度（低、中、高）；问题表现最为突出的组织内层次（技术层次、管理层次、制度层次）。依据这两个因素，把社会合作伙伴关系划分为程序型（programmatic）、联合型（federational）和系统型（systemic）伙伴关系三种类型。程序型合作伙伴关系的参与组织相互依赖程度低，解决的问题主要表现在技术、操作层；联合型合作伙伴关系的参与组织相互依赖程度中等，解决的问题突出表现在中层管理层次；系统型合作伙伴关系的参与组织相互依赖程度高，解决的问题主要表现在战略、组织层面。不同类型的社会合作伙伴关系在结构特征、期望结果等方面也不相同。

2.2.2　社会合作伙伴关系的演进与主要因素

Waddock（1988）比较早地提出了成功构建社会合作伙伴关系的关注点：脆弱性，需要时间去发展，合作与权力平衡，优秀员工支持，期望。也有很多研究关注于合作伙伴关系发展的关键步骤，大部分认为需要抓住下列步骤：制定清晰的目标，获得高层的支持，保持经常性沟通，委派专职人员领导工作，共享资源承诺，评估进展/结果（Googins & Rochlin，2000）。Vidaver-cohen & Altman（2000）构建了企业与政府、公民组织建立合作伙伴关系进行社区投资的五阶段循环过程，即识别（identification）、调研（investigation）、创新（innovation）、执行（implementation）、整合（integration），分别是识别社区面临的问题威胁、调研企业具备的可以解决上述问题的能力、设计利用企业资源解决社区问题的创新方案、多方合作执行创新方案、把上述社区投资过程整合入企业和社区的实践、流程中，并开始合作解决另一个社区问题。

Waddock（1989）提出了一个发展社会合作伙伴关系的演进过程模型，区分了社会合作伙伴关系演进的四个阶段：一是前期情境阶段，在一系列的情境压力下，产生了对需要或采用社会合作伙伴关系的认知；二是合作伙伴关系的发起阶段，建立了合作论坛（partnership forum），通过非正式的沟通和关系结构，开始形成伙伴关系的内容，包括拟解决问题的确定、建立合作联盟、形成共同目标；三是建立阶段，合作目标进一步明确，开始推动一些活动并产生反馈信息，从而影响到合作目标的调整、问题明确的程度和联盟的效果，召开了正式的会议，并形成了合作伙伴关系的内部结构；四是成熟阶段，周期性重新评估合作的目的和情境压力，决定继续合作并扩大关注范围，还是因为合作方对问题失去兴趣、联盟分解或未实现目标而停止合作，也可能是已经实现了合作目标、不再需要继续合作而结束合作伙伴关系。

学者们提出的阶段数量、每个阶段涉及的变量以及术语（命名法）不尽相同，Selsky & Parker（2005）把跨部门社会合作伙伴关系的演进归纳为形成（formation）、实施（implementation）和结果（outcomes）三个阶段。一些研究者关注“形成”阶段的活动，如 Westley & Vredenburg（1997）提出：“参与者必须首先成功识别问题，包括确定一个共同的定义、形成各种各样的信息、作出合作的联合承诺、确定和合法化关键利益相关者、找到一个合适的召集人、确定初始资源。”动机经常被认为是合作的一个先决条件（Greening & Gray，1994）。另一些学者聚焦于“实施”阶段的活动，例如治理、结构、领导特征，也包括行为互动，例如文化、沟通、关系发展。还有一些学者集中于跨部门社会合作伙伴关系的“结果”，包括：可测量的项目结果；无形的结果，例如用于学习和变革的系统能力。第四类学者探讨一些能够影响一个以上阶段的活动的因素，例如利益相关者角色、权力和信任。Selsky & Parker（2005）分析了四种跨部门社会合作伙伴关系在三个阶段的演进特点，也包括利益相关者角色、权力和信任等跨越多个阶段的变量特征。

2.2.3 社会合作伙伴关系理论在 CSR 领域的应用

随着 CSR 在全球环境中逐渐受到重视，那些希望对社会负责但没有跨国企业资源的企业，可以与非政府组织、非营利组织和宗教组织合作（partner with），从而得到它们希望开展业务的区域文化、风俗和人们的需要相关的信息，缺少这些信息，CSR 项目可能会带来一些意料之外的不利于社区的结果（Wilburn，2009）。Wilburn 提出了一个包含三部分的模型，供企业开发社会责任项目时参考：一是使用关于一个国家和地区的电子信息资源以获得背景信息；二是从已经在当地社区运营的部分非政府组织、非营利组织和传教活动的人们那里收集关于重要问题的地面信息；三是设计有助于识别可能的社会责任项目负面结果的情景，以便能够监控项目实施的结果，并设计干预措施去降低或者抵消负面结果的影响。其中很重要的一步是与当地组织合作（partner with）。该研究也发现，根源于某个发展中国家的企业更愿意“为这个国家投资公共产品——从公路、大学到国家品牌宣传”，并且不考虑自身的经济利益，企业需要找到具有这种根源的商业伙伴，他们不仅能够提供信息，而且对于 CSR 项目尤其感兴趣；由当地商人进行的开发活动更可能是为了刺激进一步的发展，因为这种发展更有利于本土企业，而不是跨国企业。

在 CSR 领域，有时也存在一个武断的观点，就是有必要引入非营利组织以代表社会，把社会问题嵌入组织的战略和日常运营中。Nijhof，Bruijn & Honders（2008）认为，企业在 CSR 领域与非营利组织合作的必要性程度因企业的 CSR 战略而不同。他们把企业的 CSR 战略划分为三种类型：由内及外的身份导向（identity orientation）、由外及内的业务导向（business case orientation）、作为开放系统的管家导向（stewardship orientation）。采用身份导向的企业由核心价值观驱动其承担社会责任，主要关注于强化企业的身份，对 CSR 采用由内及外的视角，所以外部利益相关者的作用有限；实行业务导向 CSR 战略的企业在社会问题方面曝光率、可见性高，面临一定的风险和压力，外部利益相关者驱动了其 CSR 行为，主要关注于防止企业声誉受损或者开发商业机会，对 CSR 采用由外及内的视角，由利益相关者设定议程，需要与多个利益相关者对话，满足其需求并使其满意；采用管家导向 CSR 战略的企业关注于整个生产、消费链条上不同利益相关者的角色和责任，与不同利益相关者群体的互动和对话驱动了其 CSR 行为，把企业定位于促进重要社会问题的逐步解决，以开放系统的视角与所有相关方开展对话与合作，利益相关者发挥着关键作用，都是合作伙伴。非营利组织具有不同的特征，一些组织旨在通过对抗而实现改变（分化者），另一些则通过与政府、企业和其他相关者开展建设性合作来实现改变（整合者）；有些组织区分目标并采取不同的行动（辨别者），有些组织则不区分目标对象（非辨别者）（Belou et al.，2003）。企业与非营利组织之间的关系可能是对抗性或者合作性的，对于业务导向的企业，已经曝光于社会问题之上，可能已经受到分化者的关注和对抗，积极改变企业的行为，也没有兴趣与企业建立合作关系；与身份导向的企业相对应的非营利组织可能是非区分性的整合者，不是分化者；管家导向的企业与非营利组织构建当地、区域甚至全球层面的建设性合作伙伴关系，典型的合作伙伴可能是非区分性的整合者，尽管与分化者的合作关系不容易建立，但对他们提出的问题具有敏感性。综上所述，非营利组织在CSR行为中的作用具有差异，首先，许多在CSR领域比较积极的企业实现了一定的环境和社会效果，但是并没有外部团体的明显参与，经验资料显示，CSR中的合作伙伴关系和其他形式的利益相关者参与的作用在实践者之间存在争议；其次，从理论角度看，利益相关者的角色应该根据企业所采用的CSR战略而有所差异，对于采用业务导向CSR战略的企业，利益相关者的作用是显而易见的，预测外部团体的期望和要求对于管理社会问题、预防声誉损害是最重要的；最后，对于采取身份或者管家导向的CSR战略的企业，非营利组织的作用不太明显，当非营利组织参与CSR活动时，可以期望产生其他作用和影响（Nijhof，Bruijn & Honders，2008）。

尽管在CSR行为中是否需要构建合作伙伴关系存在争议，但在实践中得到了应用，部分学者深入探讨了以合作伙伴关系实施CSR的具体过程。（Seitanidi & Crane，2009）把这一过程划分为企业—非营利组织合作伙伴关系的选择、设计和内化（institutionalisation）三个阶段，阐述了每个阶段的具体内容与步骤，当伙伴关系不得不被终止时，还涉及退出战略（exit strategy），如图2－4所示。CSR合作伙伴关系实施面临的管理挑战包括：确定有效的合作伙伴选择标准，设计适当的风险评估技术，试着设计并改进合作协议、目标、报告机制和其他系统，伙伴关系危机管理，在必要的个人间关系与合作伙伴关系的制度化需要之间建立平衡。因此，实施CSR伙伴关系需要一些新的技能组合和组织方法，例如，一些已经存在的需要的技能包括：对三个部门（公共部门、营利部门和非营利部门）的体验性理解，而不是只有传统单一部门的背景；管理虚拟网络的技能，有助于伙伴关系操作化和制度化阶段在虚拟和现实空间的实现。也需要一些目前组织比较缺乏的多类型技能，例如，在合作关系内承受冲突的综合能力，在持续变化的非结构性关系中形成经验的能力。Seitanidi & Crane（2009）也指出了在伙伴关系实施中潜在的多种管理问题，如声誉（取决于关系建立之前和过程中的组织声誉）、法律（与理解备忘录有关）、责任（风险评估程序）、经济（伙伴关系内部资金的不同配置可能导致向商业伙伴归还资金）和文化（在伙伴关系的前期阶段，合作伙伴之间可能难以沟通，因为他们处于不同的部门，在“语言”应用方面具有差异）问题，这些问题高度情境化，受每个合作伙伴的特质影响，合作关系管理者对问题的类型保持警惕就可以了。

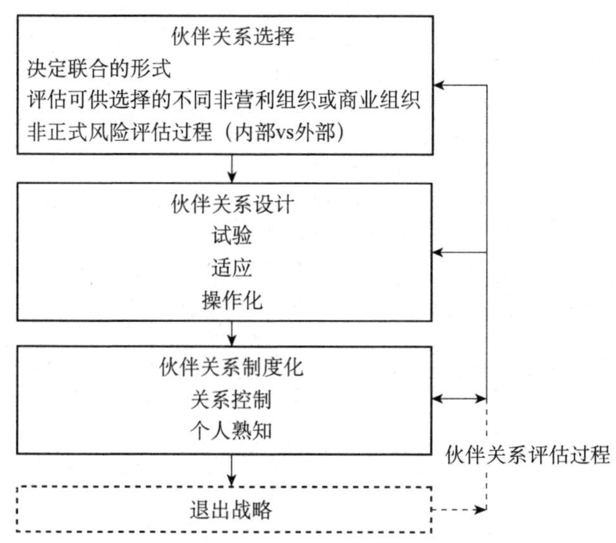

资料来源：Seitanidi & Crane，2009.

图 2－4　伙伴关系阶段

也有一些学者聚焦于 CSR 实施中合作伙伴关系的阶段划分和主要因素，Jamali & Keshishian（2009）把 CSR 实施中企业与非政府组织之间的合作伙伴关系划分为启动、执行和评估三个阶段，包括 21 个因素，如表 2－2 所示。

Walters & Anagnostopoulos（2012）构建了实施社会合作伙伴关系的四阶段概念模型：伙伴关系选择、设计、管理和评估，但他们对这些阶段的先后顺序进行了修正，认为伙伴关系评估不是一个独立的阶段，而是渗透到其他三个阶段，并且每个阶段都受到个人间信任的影响，伙伴关系评估的结果影响到伙伴关系的终止或持续，如图 2－5 所示。他们也归纳了伙伴关系的主要因素，伙伴关系选择阶段包括动机、能力和匹配程度等因素，伙伴关系设计阶段治理、角色与责任、正式化等因素，伙伴关系管理阶段包括决策制定、沟通、承诺等因素，伙伴关系评估包括项目和关系两个因素。

综观上述研究，社会合作伙伴关系的启动/设计和执行/管理是必不可少的两个阶段，所涉及的关键因素主要包括动机、目标、资源投入、沟通和信任等因素。

表 2－2　　伙伴关系实施的主要因素

阶段	因素	内涵
伙伴关系启动	准备	对潜在合作伙伴的了解，草拟正式的关系契约等活动
	协商	合作伙伴之间商讨、说服、试探动机和期望的过程
	合作伙伴选择标准	选择合作伙伴的指导原则，如声誉、专业性、实现一定结果的能力，具有社会使命感、具有积极的 CSR 意向
	动机	建立 CSR 伙伴关系的驱动因素，如提高声誉、增强合法性等
	合作目标	合作伙伴之间协商一致、清晰表述的合作任务和预期结果，如正式的、具体的、分阶段的、可测量的目标
	使命向心度	CSR 行动与企业/NGO 使命、目标的匹配接近度
	重要性	伙伴关系与参与合作方的主要战略目标匹配，都希望其运行；伙伴关系在参与方的 CSR 长期目标中起到关键作用
	专属性	企业能够从对 CSR 的投资中获取一份利润流的程度
伙伴关系执行	活动范围	合作双方开展活动的类型多少
	资源数量	合作双方分别投入资源的数量或比例，包括资金、实物、时间、人力
	投资动向	资源投入在增加、减少、保持稳定，或者依据需要而波动
	参与水平	某一合作方参与项目活动的层次、环节和承担管理职责的大小
	领导参与	某一合作方高层领导参与项目活动的阶段、环节和方式
	沟通	合作双方之间互动的频率、集中程度、形式和正式化程度的信息交流渠道和方向
	过程复杂性	项目活动进程中的规范、程序或行动的变化程度
	效率	合作方从伙伴关系中获得的期望价值是正的，并且大于其他组织方式，伙伴关系是最敏捷、成本最低的治理结构
	公平	保证实现互惠原则，参与方的受益与投资成正比
伙伴关系评估	评估	是否有正式的评估活动，重新考虑、协商合作条款，解决争议事项
	未来期望	将来对合作伙伴的期望，包括资源投入、项目开发与管理等方面
	学习	从伙伴关系中的学习获益情况，如行为改进、对 CSR 的认知

资料来源：根据 Jamali & Keshishian（2009）整理。

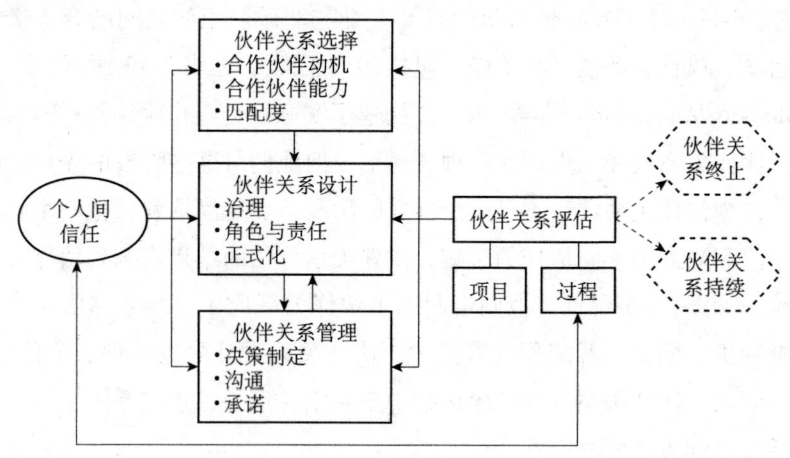

资料来源：Walters & Anagnostopoulos，2012.

图 2－5　社会合作伙伴关系实施模型

2.3　社会嵌入理论

社会嵌入（social embeddedness），也有学者称为网络嵌入或者社会网络嵌入，属于社会网络理论的一个核心概念。对于社会嵌入，学术界还没有一个统一的定义。但其作用逻辑可以表述为：行动者处于某种社会网络中，这种社会网络中蕴涵着行动者可资利用的社会资源；当行动者为了某种经济活动而动用这些资源时，嵌入性就开始产生作用（王凤彬和李奇会，2007）。

“嵌入性”概念最早由经济史学家 Polanyi 于 1944 年提出，他对当时的新古典经济理论过于推崇市场自律，沉湎于以“竞争—均衡”为核心的精巧理论模型研究进行抨击，并结合自己对经济史的研究，提出市场嵌入于社会，经济体系嵌入于社会关系，经济整体性嵌入社会的思想，但并没有引起学术界的重视，并受到了个别学者的批判（符平，2009）。1985 年，Granovetter 发表了“经济行动和社会结构：嵌入性问题”一文，重新阐述了“嵌入性”概念。他认为经济行动嵌入于社会结构之中，经济行为及其绩效受到关系网络的影响（Granovetter，1985）。Granovetter 的文章标志着新经济社会学的兴起，此后，对经济行为嵌入性的研究大量出现。以 Uzzi 为代表，开展了网络嵌入对经济绩效影响的具体研究，他将嵌入性概念操作化，探讨嵌入性和网络结构影响经济行动的机理，认为嵌入性可以通过信任、优质信息共享和共同解决问题的机制使行动者获得诸如降低交易成本、获取稀缺资源、降低环境不确定性和促进组织学习等收益，进而提高经济绩效（Uzzi，1996）。因此，可以把嵌入视为企业与各种网络建立的关系及其对各种网络的依赖，因为网络中的行动者分别代表着不同的资产、知识、信息、经验和信誉（Halinen & Tornroos，1998）。企业通过网络嵌入获得稀缺资源（边燕杰，2000），例如，新创企业所需要的商业情报、创业资金和首份订单等关键经济资源，都深深地嵌入于创业者的社会网络之中（边燕杰，2006）。

嵌入性理论的典型分析框架主要包括：关系嵌入性（relational embeddedness）与结构嵌入性（structural embeddedness）两维框架（Granovetter，1985），结构嵌入性、认知嵌入性、文化嵌入性与政治嵌入性四维框架（Zukin & Dimaggio，1990），以及 Andersson，Forsgren & Holm（2002）分析企业内部的运营和价值链时提出的业务嵌入性（business embeddedness）与技术嵌入性（technology embeddedness）分析框架等（兰建平和苗文斌，2009）。其中最为普遍接受的分析框架是 Granovetter（1985）提出的关系嵌入、结构嵌入两维分析框架。

关系嵌入主要探讨网络行动者之间的二元关系问题，主要用关系的内容、方向、强度等指标来测度，Granovetter（1985）提出用互动频率、亲密程度、关系持续时间以及相互服务的内容来衡量关系的强弱程度，但是，并没有进行统计实证，在其之后的大量关系嵌入研究中，采用频率相对较多的指标是感情/偏好/热情、频率/频繁接触、互惠性和信任，与 Granovetter 的观点基本相似（魏江和郑小勇，2010）。

结构嵌入主要探讨网络行动者之间联系的结构问题，包括两个方面：网络的整体功能和结构，行动者在网络中的结构位置。所以有学者提出把结构嵌入拆分为两个维度：一个维度被称为位置嵌入，主要关注个体所处的网络位置对其行为的影响；另一个维度仍被命名为结构嵌入，但主要关注网络的整体构造对个体行为的影响（黄中伟和王宇露，2007）。总体来说，结构嵌入的研究重点是网络的密度、企业在网络中的位置对企业的行为和绩效的影响。网络密度是指行为主体之间的连接（直接联系）占所有可能连接的比例。网络密度越大，意味着网络结构越紧密，行为主体之间的直接联系越多，信息沟通越有效率，更容易形成共同的行为模式，增加信任和资源的共享（Hansen et al.，2001）。网络位置是行动者之间建立关系的结果，不同的网络位置代表不同的获得新知识的机会（钱锡红等，2010），企业获取的资源可以被解释为企业在合作网络中所处位置的函数（Wasserman & Faust，1994）。网络位置的主要变量是中心度和结构洞（Powell et al.，1996；Zaheer & Bell，2005）。中心度越高，说明企业越接近网络的核心位置，企业在网络中的地位越重要（罗家德，2010），越容易获得信息与互补性资源（钱锡红等，2010）。结构洞（structural hole）是指网络中个体之间无直接联系的现象，某个个体在网络中拥有的结构洞位置数量越多，在整个信息传递网络中占据的位置越有利，越具有保持和控制信息的优势（Burt，1992）。

尽管社会嵌入的理论已经非常丰富，但在关系嵌入方面，伙伴关系理论提供了更丰富的研究维度，对二元关系的分析更为全面和深刻，并且关注关系的动态演变，所以本研究采用伙伴关系理论分析 CSR 项目实施中的多方合作关系。结构嵌入变量能较好地表达上述合作关系的特性。因此，合作伙伴关系和社会嵌入视角一起有可能帮助我们更好地解释 CSR 项目的合作伙伴关系对 CSR 项目绩效的影响。

2.4 公益项目绩效

现有的公益项目评估理论主要针对由 NGO 实施的公益项目。企业实施 CSR

扶贫项目旨在向社会提供一定的扶贫方面的公共服务，帮助解决局部贫困问题，所以其绩效测量可以参考 NGO 公益项目评估的相关理论。对于公益项目（包括慈善项目）的评估，国际上比较经典的评估框架有“三 E”理论、“三 D”理论和“顾客满意度”理论（邓国胜，2003；杨团和葛道顺，2009）。“三 E”是指效果（effectiveness）、效率（efficiency）与经济（economy），“三 D”是指诊断（diagnosis）、设计（design）与发展（development），具体的指标内涵如表 2 - 3 所示。

表 2 - 3　　几种公益项目评估理论指标及内涵

理论	指标	内涵
“三 E”理论	经济	以尽可能的成本提供既定品质的服务
	效率	一定水准的服务提供、活动执行情况和服务的成本情况
	效果	项目实现其目标的程度
“三 D”理论	诊断	项目管理者能够正确识别面临的新问题，并考虑到主要相关利益群体的需求和利益
	设计	项目管理者能够设计适当的策略解决这些问题，包括选择正确的战略与结构
	发展	项目实施中解决所遇到问题的能力，以及作为学习过程的管理变革或创新情况
“顾客满意度”理论	顾客满意度	顾客对服务的感知达到其期望的程度。包括能够了解顾客的需求，并迅速、准确地回应顾客；具备提供服务所需的知识与技能；给予顾客个性化关注；组织及其工作人员值得信赖等
宏观“APC 评估”理论	问责性	项目治理是否合理；项目是否与组织的宗旨一致；项目信息是否进行了必要、准确披露；项目的资金使用情况是否透明
	绩效	项目的适当性、效率、效果、顾客满意度、社会影响和持续性
	组织能力	项目实施的资源管理能力、外部公关能力、自我评估和学习能力
微观的“综合绩效评估”框架	适当性	项目是否与组织的使命相一致；是否与目标群体的需求或认知价值相一致；是否是对目标群体需求的及时回应
	效率	项目的成本效益情况
	效果	项目实现其目标的程度
	满意度	顾客对服务的感知满足其期望的程度
	社会影响	项目所实现效益、效果的长远影响，如对就业问题、公平公正问题、性别与发展问题、生态环境问题的影响
	持续性	项目完成后，其积极结果的持久性

资料来源：邓国胜（2003，2004）、张昕（2007）。

“三 E”理论注重项目产生的结果，侧重于把评估看做一个监督检查的过程，得到各类组织的广泛推广。但也存在一些局限，如项目的结果还可能受到项目以外其他因素的影响，导致项目的因果关系并不清楚；项目的利益相关方可能对项目有不同的要求和价值判断，导致项目评价难以进行；也忽略了项目实施对组织能力改善的影响（Mayne & Zapico-Goñi，1997）。基于“三 E”理论的不足，一些学者提出了“三 D”理论。“三 D”理论注重项目实施的组织能力，侧重于把评估看作一个学习的过程，局限之处在于偏向定性，难以在不同项目之间进行比较。“三 E”和“三 D”评估都是围绕项目实施组织而进行的自上而下型评估，但是新公共管理思想认为，公益项目实施是为了向公众提供优质服务，评估应该面向被服务对象、自下而上进行，即以顾客满意度为中心，这就是公益项目的“顾客满意度”理论。把“顾客满意度”理论用于公益项目评估也存在一些问题，例如，在中国的应用表明，弱势群体对政府提供救助的期望值较高，满意度偏低，对民间资助期望值较低，满意度偏高（邓国胜，2003）。上述理论都是基于国外的情境而提出，是否适用于中国国情，受到了国内学术界的质疑，他们开始探讨适合中国情境的公益项目评估最优框架。

清华大学 NGO 研究中心提出了公益项目评估的宏观“APC 评估”理论和微观的“综合绩效评估”框架。“APC”是指公益项目的问责性（accountability）、绩效（performance）和实施中的组织能力（capacity），强调问责性和能力是为了引起中国非营利组织的重视，因为他们只关注项目绩效，忽视了公信度和能力建设（邓国胜，2004）。项目问责性评估是为了使非营利组织提高透明度，从而树立社会公信度和项目品牌；项目绩效评估是为了提高项目的效率、促进项目的质量；项目组织能力的评估是为了促进非营利组织提高项目实施能力。其中对绩效的评估采用了“综合绩效评估”框架，吸取了“三 E”中的效果、效率指标，采纳了“顾客满意度”理论，并增加了适当性、社会影响和持续性等指标（见表 2－3），已被用于评估“幸福工程”等公益项目（邓国胜，2003）。本研究将探讨伙伴关系、结构嵌入对 CSR 项目绩效的影响，在此主要考虑 CSR 项目的目标实现情况、能否长期发展以及项目实施的成本高低，鉴于很多捐赠型的 CSR 项目只体现为社会价值，难以计算其创造的经济价值，可以采用经济性（成本）、效果和可持续性等指标衡量 CSR 项目绩效。

2.5 研究现状综合评述

2.5.1 企业社会责任理论

在企业社会责任理论方面，现有的研究已非常丰富，从 CSR 的驱动因素、CSR 内容与层次、CSR 实施到 CSR 与绩效的关系都有涉及。但我们从相关的文献回顾可以发现，在 CSR 实施的具体过程方面还不够全面和深入。首先，现有文献主要从整个组织的层面探讨 CSR 导向/战略的制定与实施过程，在具体的 CSR 项目活动方面的研究比较稀少，除了期望与体验、制度文化等因素，还有项目治理、网络结构、社会绩效评估等很多因素没有涉及。其次，尽管现有文献也探讨了利益相关者对 CSR 实施的影响，但只研究了消费者和员工两个方面，具体的影响机理也不够清晰。最后，现有的 CSR 实施文献主要基于外国情境，对于中国情境下的 CSR 实施具体过程与行为仍缺乏深入的研究。

2.5.2　社会合作伙伴关系理论

社会合作伙伴关系被认为是解决社会问题的重要合作机制，其内涵、类型、理论基础、研究阶段和主要因素都已得到深入的研究。我们注意到，已有文献把社会合作伙伴关系理论应用到 CSR 项目实施领域，探讨了 CSR 项目实施中伙伴关系的发展、演进过程及其关键成功因素。但是，现有文献主要集中于 CSR 实施中企业与非政府组织（NGO）之间的二元合作伙伴关系，对企业与政府、NGO 等多个部门组织的合作伙伴关系较少涉及，并且对于伙伴关系特征与 CSR 项目绩效之间的关系也缺乏研究。现有文献也告诉我们，不同情境下 CSR 项目实施中的伙伴关系关键因素也有很大差异。

2.5.3　社会嵌入理论

社会嵌入能够被用来描述企业创新、创业活动中的合作关系，进而解释企业活动绩效的差异。CSR 项目实施中也存在多方合作关系，但还没有文献把社会嵌入理论应用到企业社会责任行为的研究。尤其是社会嵌入理论的结构嵌入维度，能够用于分析多元伙伴关系的规模、结构特征、参与者地位以及对项目绩效的影响，帮助我们更好地理解伙伴关系对项目绩效的影响。

2.5.4　公益项目绩效

在 NGO 管理领域，国际上已经形成了对公益项目绩效评估的主流理论，国内研究机构也已经提出了基于中国情境的宏观“APC 评估”理论和微观“综合绩效评估”框架。这些理论及其相关指标，尤其是侧重于评估项目结果的“三 E”理论和“综合绩效评估”框架，可以帮助我们选取适当的指标评估 CSR 项目的绩效。

上述理论的空白点和我国企业在 CSR 项目实施方面的实践，为本研究的构思和思路提出奠定了基础，其具体内容以及对研究方法的详细介绍见第 3 章。

第3章　研究设计

本章将对本研究的框架和方法进行具体阐述。首先，介绍本研究中基于理论回顾和实地调查形成的研究构思和研究思路，其中包括研究框架；其次，从案例选择、数据收集、变量界定与数据分析三个方面展示本研究采用的多案例研究方法。

3.1　理论构思与研究思路

基于第2章对企业社会责任理论、社会合作伙伴关系理论和社会嵌入理论的回顾，并结合企业开展CSR活动的创新实践，提出下列构思。

（1）在企业推动、深入参与并与多方合作的CSR项目中，企业不仅与非营利组织合作，也可能与政府部门建立合作伙伴关系，而且这种伙伴关系也可能存在于企业、政府部门、其他营利组织的多方合作中。因此，对伙伴关系的设计与管理将影响到CSR项目能否顺利实施及其绩效。

（2）社会网络中蕴含着企业所需的稀缺资源，网络结构影响着资源的共享与流动。企业需要嵌入一定的社会网络，从而获取实施CSR项目所需的异质性资源，CSR项目网络的特征将影响到企业能否顺利推动CSR项目的实施及其绩效。

（3）企业选择的合作伙伴成为所嵌入网络的不同节点，这些合作伙伴的性质、与企业的合作关系及其相互之间的联系，可能决定了项目网络的结构特征，进而影响到CSR项目的实施绩效。

根据上述三个方面的构思，本研究提出如下研究思路（见图3－1）：从伙伴关系和结构嵌入两个方面探讨企业在实施CSR扶贫项目过程中，与各参与方之间的合作机制，以及对CSR项目绩效的影响。其中伙伴关系包括关系设计和管理的相关因素，如合作伙伴选择、目标、决策机制、信任等；结构嵌入性包括网络结构和网络地位相关的变量，如网络密度、企业网络地位、结构洞等；项目绩效可能包括效果、持续性、成本（经济性）等因素。

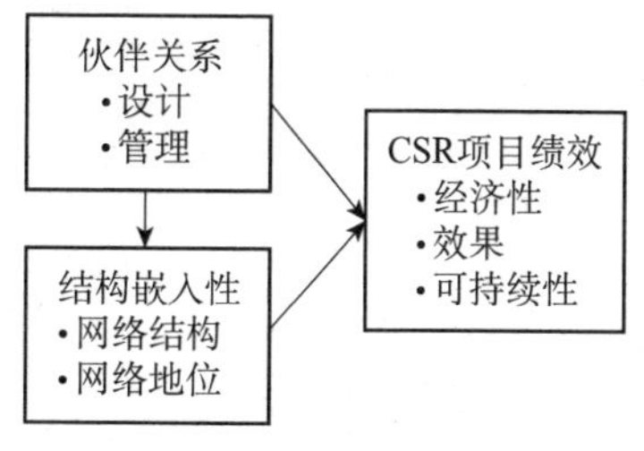

图3－1　研究的概念框架

3.2　案例选择

本研究采用多案例研究方法，案例研究方法适用于回答“为什么”和“怎么样”的问题（Yin，1994）。现有伙伴关系理论在CSR实施的应用主要探讨企业与非营利组织的合作，较少涉及政府部门的参与，但在中国情境下，政府部门控制着大量的社会、经济资源，对企业的社会活动和经济行为影响较大，对非营利组织的运营活动也发挥了很大的引导和影响作用，因此，探讨中国情境下的CSR项目实施时，需要在借鉴西方理论的基础上，深入分析企业如何设计、管理与政府部门、非营利组织的合作伙伴关系，多方合作关系如何形成特定的网络结构，伙伴关系、网络结构如何影响CSR项目实施绩效，案例研究方法比较适合回答这些问题。

Eisenhardt（1989）认为，多案例研究中理想的原始案例个数为4～10个。考虑到理论归纳、构建的基本要求和增加案例的边际效用，本研究选择了4个CSR项目作为探索性案例研究对象，它们分别由4家不同的企业所实施。借鉴许冠南等（2011）的做法，依据下列标准选择案例：一是考虑到不同地区的经济发展、CSR推进状况的差异，将案例企业限定在浙江省内，以降低案例研究的外部变异性；二是确保每个案例项目都具有较强的，涉及多个参与者、多种资源投入，都有专门的人或部门负责；选择的案例企业在企业性质上具有一定的分散度，既包括民营企业，也包括国有企业；三是为更好达到多重验证的效果，所选择案例企业的CSR项目绩效具有差异性，兼顾了高绩效项目与低绩效项目的企业。本研究从浙江省杭州市和金华市的政府部门、相关社会组织获得企业实施社会责任项目的相关信息，最终选择了四个CSR项目进行深入调查，具体项目信息如表3－1所示。下面将对案例企业及其实施的CSR项目逐一进行简要介绍。

表 3-1 案例企业基本特征

基本特征	A 药业	B 投资	C 集团	D 信息
成立年份	1994	2001	1969	2004
企业性质	民营企业	国有独资	民营企业	外商独资
所在行业	化工	资产经营	汽车零部件	网络服务
所在区域	杭州市	杭州市	杭州市	金华市
CSR 项目	千亩公益毛竹林	高山蔬菜基地	四个一万工程	网络慈善平台

A 药业：杭州市一家高科技上市公司，创立于 1994 年，2005 年 9 月被评为浙江省级高新技术研发中心，2006 年被认定为省级企业技术中心。从 1998 年开始，成为国内 D-泛酸钙行业中技术领先、规模最大的企业，产品供不应求，效益快速提升。1998 年，公司董事长想为家乡的老人提供一些支持，于是与村干部协商，由他投资 100 万元开垦村里的荒山，种植、养护 1 000 亩毛竹林，成林后的收益主要用于老年人公益事业，投入的资金不作为成本收回。按照当时村里有 100 名 60 岁以上的老人计算，每人可以有 10 亩毛竹林的收益用于养老，为老人的生活提供保障。

B 投资集团：杭州市政府授权的资产经营机构，截至 2011 年 9 月末，拥有 11 家全资子公司和 9 家控股子公司，年主营业务收入 200 多亿元。在 2011 年开始的杭州市第二轮“联乡结村”活动中，B 集团属于由市委主要领导之一带领的某帮扶集团，结对帮扶淳安县 Z 镇。2011 年初，帮扶集团提出帮助 Z 镇建设无公害高山蔬菜基地项目，委托 B 投资集团作为该项目的重点扶持单位，牵头实施该项目，该基地建成后，可以为当地农民提供就业机会，增加收入，成为结对帮扶的“造血”项目。

C 集团：中国 500 强企业之一，汽车零部件产业龙头企业。C 集团的“四个一万工程”项目是从“四个一百工程”“四个一千工程”项目发展而来，目标是帮助 10 000 个残疾学生、10 000 个失学学生、10 000 个孤寡老人、10 000 个孤儿。2008 年“5·12”四川汶川地震后，在四川、重庆、甘肃、陕西四个地震灾区资助 5 274 名孤儿、特困生、残疾儿童、孤老，为他们的学习和生活提供持续的资金支持。到 2011 年底，“四个一万工程”的资助范围覆盖全国 20 个省（市、自治区），包含 188 个县级资助点，累计受助人数达到 19 234 人。

D 信息：成立于 2004 年，是金华市一家专业提供电子商务研发和技术服务的高新技术企业，也是目前国内业务规模大、运营规范的网络游戏专业服务提供商（game service provider，GSP）。被国家发展和改革委员会、工业和信息化部、商务部、国家税务总局认定为2010年度国家规划布局内重点软件企业。从2007年开始，该企业资助设立了网络爱心公益平台，2009年登记为金华市慈善总会网络慈善分会。截至2012年7月，该爱心平台已募集、捐赠了2 200多万元，帮助了6 500多个家庭。

3.3 数据收集

数据收集过程通常要涉及相互重复的几个步骤（Yin，1994），本研究项目团队从2011年5月开始，对每个项目都经过了下列四个步骤收集二手资料和一手信息，并在完成最后一个项目数据收集后，对前三个项目的数据进行了补充更新，以确保每个项目的数据都是最新的，所有项目的第一阶段数据截至2012年7月，并分别于2014年7月和2017年9月进行了追踪调查。收集数据的步骤如下：第一，通过对政府部门和相关社会组织的访谈，请求他们介绍在CSR方面表现优秀的典型企业，进而了解这些企业具体实施了哪些CSR项目，该组织或部门对项目的了解或参与情况，以及对该项目的看法和有关该项目的资料；第二，查阅新闻媒体报道、产业或行业报告、公司网站及出版物等公开的二手资料来获得初步的关于案例对象的背景资料，大致涉及企业发展历史、企业文化建设情况、CSR履行情况、与CSR项目有关的信息等；第三，进行半结构化的访谈，通过访谈项目的具体实施和管理人员，企业的管理人员，与项目相关的政府部门、非营利组织的管理人员，以及项目的部分受惠人员，收集有关项目实施的一手资料，四个项目共访谈了21人，每人访谈时间从30分钟到3个小时不等，对每个项目的主要负责人员进行了多次访谈；第四，向接受访谈的人员索要了与CSR项目相关的一些内部资料，包括企业对项目实施的记录、企业的内部刊物、政府部门的内部简报、非营利组织的工作总结报告等。另外，为了收集到尽量具体的细节资料，体验项目实施的过程，笔者还进行了一些实地观察，例如旁听项目参与方之间的交流会议，观察不同参与方的沟通过程，亲自察看部分项目的实施结果，还旁听了2011年度杭州市和金华市慈善工作总结大会。

在数据收集过程中，非常注重不同来源信息之间的相互验证，通过三角检验，实现数据收敛（潘绵臻和毛基业，2009），对访谈前获取的二手资料主动向受访人求证，对访谈中获取的信息通过内部文档、实地观察等途径进行验证。对每个项目都根据理论框架设计了调研计划，包括研究目的、所需资料清单、研究程序及安排、拟访谈的主要人员及访谈提纲，以提高案例研究的信度（Yin，1994）。

3.4 变量界定与数据分析

案例分析之前要对构念进行清晰的界定，然后从案例中获得每个构念的实证数据（毛基业和李晓燕，2010）。根据前面的理论回顾和研究思路，先明晰每个变量的内涵和主要关注信息（见表3－2），作为对访谈资料和二手数据进行分析的依据。

表3－2 各变量的内涵与主要关注信息①

类型	变量及内涵	关注信息
伙伴关系	关系设计：合作伙伴的选择	选择谁；希望他提供什么；怎样接近并建立关系；合作伙伴的类型和数量
	关系管理：项目实施中的各方合作行为及其表现出的关系特征	各参与方做了哪些工作，投入了什么资源，受到了什么评价；对其他参与方行为方式的了解和行为目标的感知；在项目决策中的作用；各参与方之间的直接联系与间接联系，相互信任情况；信息、资源流动的渠道
结构嵌入性	网络结构：网络密度，指网络内行为主体之间的连接（直接联系）占所有可能连接的比例	哪些参与者之间建立了直接联系并发生了资源、信息的流动；哪些参与者之间只建立了间接联系、通过其他方传递信息和资源
	网络地位：在网络中的位置（核心位置还是边缘位置）和对信息、资源流动的控制程度	网络位置用程度中心度表示，指社会网络中某个节点的连接关系总数除以该节点在网络中的最大可能连接关系数，为了便于不同网络之间的比较，测算标准化程度中心度；对信息、资源流动的控制程度用结构洞指数表示，测量中间中心度指数（刘军，2009），如果一个点处于许多其他点对的捷径（最短的途径）上，该点就具有较高的中间中心度
项目绩效	效果：项目目标实现的程度	项目设计目标及实施中的调整情况；受益人口数量；受益程度（以资金形式测算）
	可持续性：项目积极结果的持久性	项目持续发展具备的条件和面临障碍；各参与方支持项目持续发展的态度；各参与方继续投资项目实施的意愿
	经济性：为实施项目而支出的费用	项目实施每年所需要的设施、设备运行成本；人员工资和业务费用

（1）伙伴关系测量变量。第一是关系设计，主要考察企业对合作伙伴的选

① 对各变量的测量主要是基于2012年7月之前收集的数据。

择；第二是关系管理，主要考察企业在项目实施过程中各方的合作行为及关系特征（Walters & Anagnostopoulos，2012）。

（2）结构嵌入性测量变量。第一是网络结构，主要考察网络密度，即行为主体之间的连接（直接联系）占所有可能连接的比例（Hansen et al.，2001）；第二是网络地位，主要考察企业在网络中的地位高低。一方面通过计算每个节点的标准化程度中心度（degree centrality）来发现谁在这个网络中是最主要的中心人物（罗家德，2010）；另一方面通过计算结构洞指数（或中间中心度），分析网络中两个行为主体之间没有直接联系的现象（Burt，1992），从而测量行动者对资源控制的程度（刘军，2009）。

（3）项目绩效测量变量。第一是项目效果，主要考察目标实现的程度；第二是项目经济性，主要考察项目实施投入的成本；第三是持续性，考察项目积极结果的持久性（邓国胜，2003）。

这里采用数据编码和归类的方法对资料进行分析，资料包括经过验证后的访谈记录、录音文本和二手资料。为了保障数据分析的信度（潘绵臻和毛基业，2009），编码工作先由笔者进行，然后由本研究所在课题组的另一名博士生进行核对，对有异议的地方进行讨论达成一致，最后向课题组汇报，再进行讨论达成一致看法。首先，进行初始编码和聚焦编码（卡麦兹，2009），通过初始编码使原始资料概念化。其次，通过聚焦编码把这些初始概念归类到伙伴关系、结构嵌入和项目绩效三种类别，进而整理出每个项目实施基本内容。再次，运用 UCINET 软件画出每个项目的网络图，并对结构嵌入性指标进行测算。网络密度、标准化程度中心度、中介中心度的测算公式及说明将在第 6 章详细说明。最后，进行跨案例分析，把单案例中提炼出的结果进行比较和归纳，以期找到一个分析伙伴关系、结构嵌入性如何影响 CSR 项目实施的分析框架，得出有意义的假设命题。

第 4 章　对 CSR 扶贫项目的类型划分

本章介绍四个 CSR 项目案例的共同特征和不同之处，并对它们进行分类，为后面章节的研究奠定基础，并为以后的对比分析提供依据。首先判断四个 CSR 项目的性质；其次介绍每个项目的内容特征，并据以对项目进行分类；最后分析项目的组织推动特征，并总结两类 CSR 项目的主要属性。

4.1　CSR 项目的性质

根据 Jamali（2007）的观点，可以把 CSR 划分为强制性和自愿性两种类型，其中自愿性 CSR 又可以细分为战略性和利他性 CSR。利他性 CSR 主要指一些企业公益慈善活动（Lantos，2001）。但是，现实中很少有完全利他的 CSR 活动，都多少夹杂一些对自身利益的追求，尽管不能直接获得商业利益，却可以提升企业形象、融洽政企关系，进而获取竞争优势。下面是每个 CSR 项目的受访者对项目发起情况的描述。

> 1998 年开始，××董①的企业效益逐步好起来，想为家乡人做些好事，农村现在还是比较贫困的，政府去年开始发每个月 70 元的养老金，以前是没有的，他当时就是想为农村没有养老保险的人做点好事，解决一点后顾之忧，当时我在乡政府工作（A 企业 CSR 项目负责人）。
>
> 正月初八那天，叶书记带着（××集团的领导等）来调研，帮扶结对调研，中间吃饭的时候讲起的，现在食品安全啊（问题严重），这里（山区）的青菜很好吃的，可以考虑种点菜，帮助这边解决劳动力（的工作安排问题）和收入，那边（市民和单位）也需要（B 企业项目中的镇政府领导）。

---

① 指 A 企业的董事长，××代表董事长的姓，下文中不便于透露的信息用××代表。

> 2008年汶川地震之前，我们正在实施“四个一千工程”，集团董事局主席××指示，“（浙江）省内各市（地区）都要有我们（C集团）的受助对象”，汶川地震后，决定提前实施“四个一万工程”，率先在四川、重庆、甘肃、陕西四个地震灾区资助5 274名孤儿、特困生、残疾儿童、孤老，为他们的学习和生活提供持续的资金支持（C企业项目管理人员）。
>
> SL会是2007年4月28号成立的，SL会当时是怎样一个灵感呢，就是说我们传统的这种慈善捐助比较麻烦，我要捐钱我要跑到很远的地方去，把这个钱放进捐款箱里去，然后我们就想，能不能有这么一种模式，可以让足不出户就做到捐助他人的这种行为，然后就由C2C这个网上的理念构建了这么一种平台（D企业项目负责人）。

从社会责任性质来看，四个企业实施CSR项目的自愿性很高，除了B企业外，其他三个企业都是自己主动发起的CSR项目。B企业是所在帮扶集团最有实力的国有企业，企业高管参与了项目开发环节，并在后期的实施中积极投入人力和资金，主动开展沟通、协调工作，做到了“行动落实快、项目落地快、资金到位快”。从社会责任动机来看，在对四个企业的第一阶段访谈中，对方都是强调回报社会、支持家乡建设、支持贫困地区发展等，没有谈及企业希望从中获取何种利益，项目内容与企业的核心业务也几乎没有关系。但是，在后续的追踪调查中，获得了一些补充信息。例如，B企业实施项目的动机也包括让帮扶集团牵头领导满意、提升企业与政府高级官员的关系；C企业实施项目的动机也包括了使企业集团在全国各地的下属企业与当地政府建立良好关系，创造一个有利的外部环境；D企业实施项目的动机也包括帮助企业高管的母亲更好地行善、实现个人追求。笔者通过每个CSR项目实施的动机来判断它们的性质。根据上述信息，A企业和D企业实施的CSR项目属于利他性的（Jamali，2007），企业难以通过实施CSR项目来获得商业利益，主要体现项目的公益性，本研究称之为公益性CSR项目。B企业和C企业实施的CSR项目也具有很强的利他性，但同时也能直接为企业带来一些利益，有利于企业的经营和发展，本研究称之为战略性CSR项目。①

---

① 本研究不探讨两类项目的层次高低之分，笔者认为，企业可以根据需要自主选择不同性质的CSR活动。

4.2 CSR 项目的类型

由 4.1 节对 CSR 项目的描述可以发现，每个 CSR 项目的目标对象都是弱势群体，项目内容都与帮助弱势群体摆脱困难、减缓贫困或增加收入有关。陈锋（2010）在探讨企业社会责任与减缓贫困的关系时，从理论视角深入分析了 CSR 对减缓贫困的直接作用机制，把企业直接减贫的策略模式划分为两种类型：救济式减贫和开发式减贫，如图 4-1 所示。救济式减贫以企业捐赠财物、帮助贫困人口渡过难关为主要内容；开发式减贫以企业投入一定的资源帮助贫困人口自力更生、摆脱贫困或逐步实现致富为主要内容，可以包括生产要素、观念、政策或者整个开发项目减贫。下面对本研究每个 CSR 项目案例的内容以及对受助群体的作用方式进行分析，先展示从案例企业获得的原始资料。

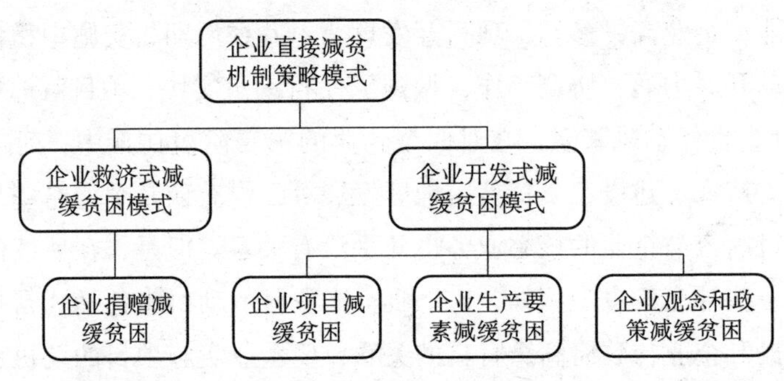

资料来源：陈锋，2010。

图 4-1 企业直接参与减缓贫困的策略模式

他（A 企业董事长）对我说，到村里去投资种 1 000 亩毛竹，我们村很小，只有 600 多名老百姓，年纪大、60 岁以上的不过 100 个左右，一个人相当于有 10 亩地的毛竹，成林之后可能有些钱可以用。当然，这个钱也不是全部归老年人，当时有个政策，由村里投资 1 000 亩山，投资土地，××董投资资金，1 000 亩毛竹投资期为 10 年，要成林，10 年里每亩地投资 1 000 元，要投资 100 万元，投资 100 万元以后应该说基本上有收入了。每年的净收入这样分配，当时有协议并且协议现在还在，《关于××投资××村 1 000 亩毛竹收益分配的协议》，当时也是我起草的，他看了好几次，村里也看了好几次，最后定稿是 50 年不变。10 年后毛竹有收入，净收入的 60% 归老年人，20% 归村委，他出土地了，还有 20% 归××董，作为投入的回报。最后定稿时他也不要的，给村里搞村镇道路、桥梁，用于这些建设。1 000 亩毛竹山也不是一次投入的，第一季投入 600 亩，1998 年 600 亩，2004 年又投入 170 亩，2008 年投入 300 亩，一共 1 070 亩。现在已经投产的是 600 亩，后来两次的还没有投产。前两年的重阳节也卖了山竹给老年人发了一点东西（A 企业 CSR 项目负责人）。

需要 B 集团帮助做好的工作。第一，3 月底先投入前期启动资金 30 万元，2011 年将投入专项帮扶资金 56 万元；第二，协助 Z 镇和 Z 兴农果蔬专业合作社设立相应工作部门，细化工作方案，确定工作目标，配置相关工作人员，明确部门职能和各岗位职责；第三，会同有关单位帮助合作社配置好生产、办公、加工、检测、运输等设备；第四，协助 Z 镇做好无公害优质农产品的品牌及商标设计工作；第五，帮助 Z 镇做好包装用塑料筐（篮）、纸箱、塑料袋的设计、定稿、定制工作；第六，做好 Z 无公害优质农产品生产、销售过程的宣传工作；第七，落实 B 集团系统大型企业食堂收购第一批（6～8 月份）无公害高山蔬菜；第八，考虑到 Z 距离杭州较远，运输和人力成本相对较高，蔬菜价格将高于杭州周边提供的价格，因此，要协助 Z 镇尽量控制好产品的品质和成本，以优质、无害来获取杭州市场的份额，做好此项惠农、惠民工程。销售渠道的目标：从长计议，待基地达到一定规模时，在杭州必须要进入大型超市、农贸市场、大型酒店，并有一个农副产品自营场所，集零售、仓库功能，主要经营以 Z 为主的千岛湖农副产品。初期的销路解决方案：前两个月以帮扶集团成员单位及其下属企事业单位的食堂为主，待条件成熟，逐步向大型超市、农贸市场、大型酒店客户发展（节选自《B 企业项目实施方案》）。

“四个一万工程”方面：（1）落实了新资助点。从 2 月份开始，我们分别赴浙江省内 5 个县区及省外山西省左权县、贵州省铜仁市等地走访，召开了县（市区）所属有关慈总分管领导和具体操办人工作会议。向他们介绍了企业、慈善工作及关于 C 集团“四个一万工程”2011 年新设资助点实施计划，商讨资助标准及操作步骤，落实县（市区）一级受助点。（2）走访了部分受助生：我们先后到贵州省铜仁市、山西省左权县及浙江省 12 个县走访了 136 名受助生及 80 余户家庭。我们每到一处首先介绍 C 集团，然后核实情况，鼓励受助生成才。同时赠送印有 C 集团标记的台灯、笔记本、C 集团爱心伞等小礼品，使受助生或家长非常感动。（3）审阅了近 9 000 份受助生审批表，编制了 20 个省 188 个县 13 000 余人的名册，验证了 1 500 余份升学证明，汇了90余批次32 097 000元助学款。（节选自C集团《2011年慈善工作总结》）。

我们也可以通俗的引用C2C上面的专业术语叫买家卖家，卖家是什么呢，就是我们需要帮助的人，买家呢就是提供捐助的人，卖家在网站上出售他的困难，然后买家来购买，这是一种通俗一点的说法。在这个平台上面大家都不用出门就可以通过网银、支付宝这种网上资金的方式就可以把捐款捐到这个受助人的账号里面，在SL会平台上，受助人和捐助者都有对应的账号，对应的捐赠，每一笔款项都是公开透明的，什么时候捐的，精确到几分几秒，什么时候点进去的，什么时候到账的，受助人什么时候提现的，什么时候拿到钱的，什么时候给他汇款的，全部都在网上有公示，实现全透明。当时这个网上慈善在全国根本一点都没有，一片空白，我们是全国首家，这个网络爱心公益金。当时大家都觉得不可思议，觉得这是个笑话，网络上真真假假东西这么多，怎么可能会做到这样的慈善捐款呢，还要把钱掏出来捐给别人，他怎么收到钱，我怎么保证，然后呢我们就坚持下来，每一笔每一项工作都苛求自己做到透明、公开、公正、全额、及时，把每一项工作做好，慢慢地得到了更多人的认可，2007～2008年两年我们总共捐款数60万元，2009年一年是60万元，2010年是270万元，2011年突破1 000万元。（D企业项目负责人）。

上述资料基本展示了每个CSR项目的内容以及目标群体获益的方式。在公益毛竹林项目中，A企业无偿投资100万元，为当地老年人开垦、种植1 000亩毛竹林，并负责管理到毛竹长大成林，移交给当地老年人协会经营管理，产生的效益用于当地老年人的生活保障。在高山蔬菜基地项目中，B企业投入资金、人力和社会关系，帮助山区的贫困乡镇建设无公害高山蔬菜基地，从学习考察、蔬菜种子、商标、包装、质检、仓储、运输、销售渠道等方面帮助规划、落实，希望把当地的高山蔬菜打造成高端品牌，进入省会城市市场，实现高价销售，从而提高当地农户的收入，并增加就业机会。“四个一万工程”和网络慈善平台项目，分别由C企业和D企业投入资金、人力、设施等，寻找符合企业资助要求或需要资源的目标群体，通过资金捐赠或网络平台募捐，帮助他们渡过难关、减缓贫困。深入分析每个案例的具体做法，发现这些CSR项目呈现出两种类型：一种是企业希望通过产业开发，帮助目标群体减缓贫困，实现“造血”功能的CSR项目，借鉴陈锋（2010）对企业直接减贫策略的分类，本研究称之为产业开发型 CSR 项目；另一种是企业只进行慈善捐赠或者搭建慈善公益平台，帮助困难群体渡过难关的“输血”型 CSR 项目，本研究称之为慈善捐赠型 CSR 项目。

4.3　两类 CSR 项目的属性比较

4.1 节和 4.2 节分析了四个项目的性质和内容，本节对这些项目的推动、实施组织特征进行分析，对两类 CSR 项目的比较进行汇总。下面是对每个 CSR 项目在组织推动方面的原始资料展示。

现在还是我在管竹林，因为我觉得还有 400 多亩没有成林，一旦全部成林了，我就不管了，就交给他们村里了。我有 2 个管理人员，1 个负责安排什么时候除草、施肥料、砍伐这些事情。还有 1 个专门负责山的，防止隔壁几个没有毛竹的农村里人家来偷毛竹。还有上半年出毛笋的时候，他们要偷笋（A 企业 CSR 项目负责人）。

公司投入了巨大的热情，帮扶高山蔬菜基地项目，公司领导说：“××，你（组织人事）部里的工作可以放一放，但这件事一定要做好。”2011 年，我去 Z 镇七八次，每周都电话沟通，刚开始每月都去一次，有时自己开车 3 个小时，我作为一个女同志，挺辛苦的。我们下了那么大功夫，市里相关部门都协调好了，还带他们去参观几个成功的基地，这些基地尽管是领导提出去（哪里值得参观学习）参观的，但具体的联系、接洽都是我来找人、用个人关系联系的。(B 企业项目负责人之一)。

工作宗旨：C 开展慈善工作的目的是弘扬“善举济世，慈心为人”这一中国人民的传统美德，接济贫困，助学成才，回报社会，共创和谐。组织职能：C 慈善基金会（筹）设秘书处，现配备 3 个人。负责受助对象的联络走访、评审报批、经费发放、复信、建档工作。工作重点：第一，“四个一万”工程的受助；第二，C 中小学①的联络、资助、沟通；第三，社会来信的处理和临时资助。第四，其他特发性救助等。职责要求：加强与各省、各县慈总及 C 中小学的联络沟通，其中书信联络年平均不少于 3 次，电话联络年不少于 5 次（节选自《C 集团慈善工作条例》）。

我们的工资和社保这些是 D 公司帮我们交的，我们是属于 SL 会的人，

① 以 C 命名的中小学。

D也不愿意对外公开，因为他觉得做好事就是做好事，没必要对外宣扬，而且D公司是支持SL会的运营经费，只是支持运营经费。但是慈善其实也是需要宣传的，有很多人就不理解，你一个企业做这么一个网站为的是什么，还不是为了你的名你的利，所以说在这个网站成立到现在我们都不对外说，对外称也只是称这个网站是有一个爱心企业提供运营经费，至于说哪一家企业我们不会说，因为这家企业不愿意曝光（SL会负责人）。

由上述资料可以发现，每个企业都委派专人或者成立一定的部门负责推动CSR项目的实施，并保持与其他资源投入方的沟通，结合本研究收集的其他资料，表4-1是对四个CSR项目在性质、内容、组织推动等属性的总结。

表4-1　　CSR项目案例的类型

	A药业	B投资	C集团	D信息
CSR项目	千亩公益毛竹林	高山蔬菜基地	四个一万工程	网络慈善平台
项目内容与性质	随着企业效益的提升，主动提出投资种植1 000亩毛竹林，收益用于村里老人的生活保障；与企业的核心业务无关，不能从项目中获得收益	企业根据所在帮扶集团的部署，积极承担高山蔬菜基地项目的牵头、扶持工作，并主动表示，根据项目需要，可以随时增加资金捐赠金额；企业投资的产业均与蔬菜产品无关。有利于建立良好的政企关系	企业主动提出，在全国范围内资助在校学习的孤儿、残疾儿童、家庭低保的特困生和孤老各一万名。对学生资助到大学毕业，对孤老资助到养老送终；有利于下属企业建立与当地政府的良好关系	针对传统慈善捐赠的弊端，创新性提出借助网络C2C理念，搭建网络公益平台，让人们足不出户就可以捐赠；有利于企业高管的亲属实现个人行善追求
项目组织与推动	企业委托专人管理毛竹林的种植、培育工作，与村委会协调、沟通，必要时董事长出面协调	公司委派党委副书记和人事组织部副部长2人负责协调项目的实施，承诺在蔬菜上市的初期，公司食堂将采购高山蔬菜	企业成立公司基金会筹备处，安排专职人员负责受助群体的筛选、资助与信息跟踪工作，也负责与项目其他参与方的沟通	企业提供相关技术支撑，并成立独立部门、安排专职人员负责平台运行，由企业承担费用
其他投入方	项目所在地村委	项目所在地镇政府	全国20个省的慈善总会系统	金华市慈善总会
项目类型	公益性CSR项目	战略性CSR项目	战略性CSR项目	公益性CSR项目
	产业开发型CSR项目		慈善捐赠型CSR项目	

第 5 章　CSR 项目实施中的伙伴关系

本章将分析每个 CSR 项目中合作伙伴关系的实施特征，并基于第 4 章对 CSR 项目的分类，比较产业开发型与慈善捐赠型 CSR 项目在伙伴关系特征上的区别，揭示 CSR 项目类型对伙伴关系的影响作用。首先介绍每个 CSR 项目的伙伴关系设计和伙伴关系管理特征；其次分析每个项目参与方的属性、角色及其相互关系，描绘出每个项目的合作关系网络图；最后比较两类 CSR 项目在伙伴关系上的区别，并提出相应的命题。

由第 2 章的文献回顾可以发现，社会合作伙伴关系的启动/设计和执行/管理是必不可少的两个阶段，伙伴关系评估渗透到前两个阶段，所以本研究从伙伴关系设计、伙伴关系管理两个阶段展示每个 CSR 项目的实施过程，借鉴 Jamali & Keshishian（2009）、Walters& Anagnostopoulos（2012）归纳的关键因素对每个阶段进行了分析。

5.1　合作伙伴关系设计

本节的合作伙伴关系设计阶段与 Jamali & Keshishian（2009）提出的伙伴关系启动阶段相对应，也涵盖了 Walters & Anagnostopoulos（2012）提出的伙伴关系选择和伙伴关系设计两个阶段，主要包括准备、协商、合作伙伴选择标准、动机、合作目标、使命中心度、重要性、专属性、治理、角色与责任、正式化等因素。其中动机、使命中心度、重要性、专属性、角色等因素的相关内容，在第 4 章分析 CSR 项目案例的性质和类型时已经展示，下面主要分析协商、合作伙伴选择标准、合作目标、角色、治理等因素。

5.1.1　主要因素

（1）主要合作伙伴选择。案例企业在伙伴关系设计阶段都没有表现出系统的准备工作，只是出于实施 CSR 项目的需要，才想到寻找拥有互补资源或能力的合作伙伴。所以对主要合作伙伴的选择标准就是是否拥有项目必需的、不可替代的资源或者保障项目顺利实施的能力和条件，说明企业对主要合作伙伴的资源依赖程度（Samii et al.，2002）较高。对案例资料的分析发现，企业实施 CSR 项目所引入的网络合作伙伴主要包括政府部门、非营利组织、受益方三个方面。政府部门不仅可以提供项目实施所需要的资源，还可以为项目实施创建一个良好的支持网络。非营利组织可以为 CSR 项目提供合法性（legitimacy），并利用自身的系统网络，为 CSR 项目的实施提供信息与保障。作为受益方的农户等弱势群体，接受帮助的同时就是在参与项目的实施，他们既可以促进项目的实施，也可能起到阻碍作用。

A 企业主动提出与村委合作，签订公益毛竹林项目协议，通过契约关系建立与村委的合作伙伴关系，获得了村委投入 1 000 亩山地的保证，使项目实施成为可能。B 企业选择与当地镇政府合作，共同实施 CSR 项目，以获得项目的资源保障和政策支持。C 企业嵌入到 20 个省级慈善总会系统，直接与每个基层慈善总会组织建立合作关系，由其提供符合企业资助条件的困难人员名单，并协助企业发放资助金，为企业办理资金的签收凭据，陪同企业人员实地考察。D 企业与金华市慈善总会合作，登记成立金华市慈善总会网络慈善分会，接受慈善总会的业务指导，从而获得公募资格。由此可见，在产业开发型 CSR 项目实施中，企业选择当地政府部门作为主要合作伙伴，以获得政府的资源投入、政策支持，建立合法性。在慈善捐赠型 CSR 项目实施中，企业选择非营利组织作为主要合作伙伴。非营利组织可以为企业深入开展慈善捐赠活动建立合法性、获得政府和公众的认可，并提供信息和资源支持。同时也可以发现，在产业开发型 CSR 项目中，企业对当地政府组织的依赖程度非常大，几乎是不可替代；在慈善捐赠型 CSR 项目中，企业对非营利组织的依赖程度为中高水平，因为企业对非营利组织具有一定的选择余地，但这种选择余地比较小，能够覆盖全国、在县一级设有基层组织的 NGO 只有慈善总会、红十字会等少数几家。

（2）协商。在伙伴关系建立过程中，企业与主要合作伙伴都经历了协商过程。A 企业和 B 企业都与当地政府进行了多轮协商，才最终确定了合作方案，并形成了正式的合作协议或项目实施方案。C 企业每增加一个县级资助点，都通过当地的省级慈善总会与县（市）级慈善总会取得联系，协商过程比较简单，企业已经形成了一套设立资助点的工作流程。D 企业多次与金华市慈善总会协商，并经市领导同意，才办理了慈善总会 SL 会分会的注册登记手续。

多变的合同，永恒的承诺。村里一位大伯娓娓道出了××董营造毛竹园背后“四改合同”的故事。几天后，合同初步拟好了，面积200亩，期限20年，收入是五五分成。过了一星期，村长又把一份新的合同交到了××董手中，这次山林面积扩大到500亩，时间拉长到30年，收益是六四分成，村老年协会得六成……又过了一星期，村长又把修改过的合同交给××董，这次是三七分成，期限50年。××董想了想说“能不能面积扩大到1 000亩，收益二八分成”……就在合同签订之时，××董又作出了一个令人震惊的决定，在合同条款中又加了一条，对于他的两成收益，他只有支配权，没有所有权，只能用于本村的公益事业（选自A企业历史故事文集，并得到相关受访人员的证实）。

为了认真落实项目的实施工作，争取在新一轮“联乡结村”帮扶中的“输血”逐步转化成“造血”功能，打造一个规模化、品牌化、正规化的Z无公害高山蔬菜基地，达到“富民强镇、富民强村”的目标，2月底以来，市B投资集团多次会同Z镇政府讨论研究项目实施方案，并在3月16～18日组织Z镇项目负责有关人员实地考察了杭州良渚麟海蔬果基地、萧山益农镇蔬菜基地、杭州市农业科学研究院蔬菜研究所等单位，向他们学习取经，为项目的组织实施奠定了基础、吸取了一定的经验（选自B企业项目高山蔬菜基地实施方案）。

一般是我们直接与省慈善总会联络，具体资助哪里是当地政府与我们C企业协商后定的，像四川、重庆、甘肃、陕西省设点是在2008年5月12日的地震受灾地设点的，有的是根据贫困程度而设，有的是我们企业所在地而设的，一般选择西部贫困地区，主要以贫困为标准。当然也有例外，比如内蒙古赤峰市宁城县、山西省左权县设点都是当地政府慕名而来求助，山西左权县麻田镇镇长、书记曾13次写信给我们×××主席，后C企业专程去调研、实地考察后才定的（C企业项目管理人员）。

2007年他成立了一个SL会，成立之后正好到了2008年汶川大地震，对这些款项，审计部门要进行最终审计，就查到他这个地方并指出来你这是不允许做的，因为你企业不允许你做公募，你只能在你员工中募集，你向社会上募捐是不允许的，这样提出来之后他就急了，急了之后就找到我这里来，开始我们也不同意，后来找了好多年，我们这边给他设立一个慈善总会下面一个分会（金华市慈善总会管理人员）。

（3）目标。在伙伴关系设计阶段，企业都为CSR项目设计了具体的阶段性目标。A企业的目标是毛竹林长成后，村里100位老人每人有10亩毛竹的收益保障养老；B企业的目标是打造高山无公害蔬菜品牌，进入省会城市高端市场销售；C企业的目标是持续资助40 000位困难群众，企业在项目上的投资逐年增加；D企业的目标是慈善平台的捐赠金额不断提高。

他对我说，到村里去投资种1 000亩毛竹，我们村很小，只有600多个老百姓，年纪大、60岁以上的不过100个左右，一个人相当于有10亩地的毛竹，成林之后可能有些钱可以用（A企业项目负责人）。

为了发展老年人的公益事业，甲方（××董）决定对×××村投资开发营造毛竹园1 000亩，受益用于××村老年人公益事业。一期工程600亩，由甲方（××董）出具资金，乙方（××村委）提供山林，第二期方案见第一期状况定（选自A企业项目正式协议）。

为扎实有效地推进项目的顺利实施，根据当地农民蔬菜种植技术的接受程度，市场营销网络的建设力度，以及农产品品牌的影响力等因素，项目将分三个阶段实施：第一阶段种植的200亩蔬菜目前正在采割之中，将以市B集团所属企业的“爱心”销售为主，预计亩产收入达4 000元以上。第二阶段的种植面积为400亩，联结农户将超过300户，届时Z镇无公害高山有机蔬菜将进入杭州各大蔬菜批发市场，并直销大型超市，预计亩产收入可达6 000元以上。第三阶段将以提升品牌为核心，使“千岛湖”无公害高山有机蔬菜与千岛湖鱼头一样，成为杭州乃至周边地区家喻户晓的优质农产品。届时，蔬菜基地的种植面积将超过1 000亩，联结农户超过600户，亩产收入达8 000元以上，真正成为当地农民发家致富的可靠来源。（来自杭州政府网2011年6月26日报道，并经B企业项目管理人员证实）。

我们的慈善工作主席是直接管的，我们每周、每月、每年都有计划、经费预算及工作总结，都要递交他们审阅；出差汇报、调查材料、慈善资助都要向他们请示汇报的，他们对慈善工作都很重视，我们的目标是到2019年C集团每年出资达到1亿元，然后再向第三世界进军。所以慈善工作主席、总裁的慈善理念已经上了一个新台阶，听他们的发展思路，会让我们受益匪浅。我们在每个资助点的名额变动比较小，会根据上一年的情况增加或减少2～3个名额（C企业项目管理人员）。

C集团对该项目中的受助个体资助力度作了5个方面的规划。第一，长期连续资助。无特殊变化，从小学一年级开始一直到大学毕业为止（孤老到去世）。第二，金额较高。2008年的资助标准为，孤儿、残疾儿童：小学生2 000元/年、初中生2 400元/年、高中生3 400元/年、大学生5 000元/年；特困生减半。如无特殊变化，一直资助到大学毕业为止。据此计算，一个受助生如从小学开始到大学毕业，总额可接近50 000元。孤老则按1 800元/年直至养老送终。第三，没有任何附带条件。受助条件比较宽松，强调以贫困为准，对成绩、品德、表现不提任何先决条件，也不要求回报。还为每一个受助者建立档案，跟踪记录成长情况。第四，受助生毕业后如找不到工作，又愿意来C集团服务的，若符合条件，将优先录用。第五，不重复资助。凡是别单位（人）已在资助的，不再重复资助（选自C企业提供的项目介绍材料）。

2010年7月之后，采取三个方面的措施，第一，团队工作模式改变；第二，宣传力度加大；第三，所有的精细化工作更加苛刻，更加苛求我们自己要做到精细。2010年达到269万元，2011年准备达到1 000万元（D企业网络慈善平台管理人员）。

（4）角色与责任、正式化。每个项目中企业与主要合作伙伴的角色和责任在书面协议、文件中都有明确的规定，具有一定的正式化程度。A企业负责项目资金投资和毛竹林产生效益前的管理；B企业负责协调营造高山蔬菜基地成功运行的外部支持环境；C企业定期汇寄资助资金；D企业负责慈善平台的日常运行，如设备、办公环境、专职人员等。相应地，当地政府、NGO等主要合作伙伴也要履行一定的责任。

甲方（××董）分两期投入资金人民币100万元用于建设1 000亩毛竹园建设；乙方提供林山1 000亩。乙方（××村委）有义不容辞积极支持毛竹园建设的义务。投资项目包括：开垦荒山、购买毛竹苗、种植、施肥、抚育、管理期人工工资等。甲方投入的资金不作成本收回。毛竹园的负责人和产生效益后的会计、出纳由村老年协会推荐，征得甲方同意，在毛竹园未产生效益前负责人暂由甲方指定（报酬由甲方承担）（选自A企业项目正式协议）。

Z镇政府需要做好的工作：第一，做好农户的组织和宣传发动工作，提高农户参与无公害农产品种植的积极性；第二，制定好奖扶政策，对合作社社员种植的山地蔬菜，给予种子、农药化肥等方面的优惠和补助及奖励，提高农户的积极性……第八，与客户建立好良好的合作关系，及时了解掌握农产品的质量、品种的意见收集及改进工作（选自B企业项目高山蔬菜基地实施方案）。

申报办法：通过各县慈善总会，请各乡镇民政助理员或学校办理，也可以个人申报或村里推荐填报，经乡镇审查盖章、县级慈善总会核实，C慈善基金会确认，报省慈总备案。每年分两期通过县、乡镇、行政村或教育系统发放到个人，受助者拿到钱后写一个签名收据，由各慈总反馈给C慈善基金会。受助第二年开始，如受助生升入高中或大学，要提高资助标准，县级慈总向受助生收取录取通知书复印件，寄C慈善基金会以资证明，防止停学也资助。受助者家庭经济情况好转或本人死亡，应中止资助，由县慈总换人，另填审批表申报（C企业项目介绍材料）。

我们是属于金华市慈善总会的分会，在民政局注册审批的。慈善总会给我们一些政策上的指导，比如说有些法规上面的问题，哪些事情要做，哪些事情不要做。作为慈善总会的分会我们就有公募权，可以向社会公众发起募捐。我们每年接受金华市慈善总会的审计，在他们审计的时候，让审计公司也一起对我们进行审计，所有的账目全部公开（D企业网络慈善平台管理人员）。

（5）治理。由上述角色与责任方面的原始资料可以看出，在伙伴关系的治理方式方面，A企业毛竹林项目和C企业“四个一万工程”项目的管控决策由企业作出，另外两个项目是由企业与合作伙伴共同协商作出管控决策。

毛竹林管理在出林前与村里没什么关系，××董那边由专人负责这件事，与老百姓之间的矛盾纠纷，村里也是协助处理。如果出林的话，村里肯定要管的，不管不行的，老年人讲，有钱了哪能不管（A企业项目中××村现任支书）。

××帮扶集团决定扶持Z镇筹建无公害优质农产品配送中心（即高山蔬菜基地项目），并明确Z镇党委政府作为项目实施主体，帮扶集团成员单位B投资集团作为实施该项目的扶持单位（选自B企业项目高山蔬菜基地实施方案）。

5.1.2 主要特征总结

（1）在主要因素上的表现。在每个CSR项目实施的伙伴关系设计阶段，企业都是根据资源、能力需要选择主要合作伙伴，以促进项目的顺利启动。在伙伴关系建立初期，合作伙伴之间都经历了正式的协商，并达成一定的书面协议或一致意见，清晰表述了合作双方需要履行的角色和责任，正式化程度明显。每个项目都有清晰的阶段性目标，对管控模式的设计比较明确。

（2）两类 CSR 项目的不同。在产业开发型 CSR 项目实施中，企业选择当地政府部门作为主要合作伙伴，双方协商过程比较复杂，涉及环节较多，并形成了书面协议或方案，明确规定了双方的权利、义务，正式化程度较高。产业开发型 CSR 项目都具有清晰的长期目标和近期目标。在慈善捐赠型 CSR 项目实施中，企业选择非营利组织作为主要合作伙伴。双方协商过程可能简单也可能复杂，涉及环节和参与人员不多，不需要双方签订书面协议，正式化程度中等。企业对慈善捐赠型 CSR 项目实施有近几年内的目标，没有更长期的目标。两类项目在管控模式涉及方面没有明显的区别。

总体来看，在伙伴关系设计阶段，也包括伙伴关系的选择和启动，合作伙伴选择是最重要的因素。企业对主要合作伙伴的依赖程度影响了伙伴关系的设计，在两个产业开发型 CSR 项目中，都需要当地政府投入土地资源，涉及当地政府的切身利益，所以使协商过程变得复杂，提高了当地政府在合作中的重要性和地位，进而影响到双方在伙伴关系中的角色和责任以及管控模式，并且需要用正式化的协议或实施方案把相关内容规定清楚。相反，在慈善捐赠型 CSR 项目中，只需要慈善总会提供人力和信息资源，却能够获得企业提供的资金资助，帮助慈善总会实现组织运营目标，所以双方的协商过程相对简单，需要慈善总会承担的工作和责任相对较轻，企业在伙伴关系中的重要性更为突出，能够管控主要决策，双方也容易达成一致意见，不需要签订书面协议以相互确认。

5.2　合作伙伴关系管理

本节的合作伙伴关系管理阶段与 Jamali & Keshishian（2009）提出的伙伴关系执行阶段和 Walters & Anagnostopoulos（2012）提出的伙伴关系管理阶段相对应，主要包括活动范围、资源数量、投资动向/承诺、参与水平、领导参与、沟通、决策制定、过程复杂性、效率、公平，并增加了 Selsky & Parker（2005）、Walters & Anagnostopoulos（2012）强调的信任等因素。

5.2.1　主要因素

（1）活动范围与资源数量。从活动范围来看，毛竹林项目和高山蔬菜基地项目要比另外两个慈善捐赠类项目的活动范围大得多。第 4 章已经介绍了每个项目的主要内容，上一节也展示了有关合作伙伴角色与责任的原始资料，本节展示一些具体的实施活动。

> 第一年还有个小插曲，由于经验不足，第一期山开垦完成时正月已过，到了二月，采购了一批毛竹苗，7.5元一株，一次采购了1万多株将近10万元，种下去后90%以上不成活，于是把临安管林业的高级工程师黄安国老师请去，××董自己和村里几个领导也一起到山上去会诊种竹，我们这里有一句话叫“正月种竹，二月种木”，树在二月里种，竹要在正月里种，竹的季节性相当强，过了正月种就要死，第二年再重新来就有经验了，不超过正月二十就种下去了，又买了1万多株竹秧，第二年的毛竹秧买来还便宜，5元一株，第一年7.5元一株，通过乡里的林业站，他们赚钱了，赚了我们的钱。第二年，毛竹苗成活率90%以上。我想了个办法，种竹苗承包给村里的村长。90%种活还给你管理工资，300元1个月，那个时候300元1个月很不错的。活了89株，少了1株，扣你2.5元；活了91株，多活了1株，奖给你5元。结果我算了一下，多活了800株，年底就奖给他4 000元。他高兴得不得了。我有2个管理人员，2个人每年一共付万把块钱。其他的劈山、除草、施肥等，要找几个村里闲着的劳动力，今年我打算付每天75元，去年是每天70元的。每年都在涨，我当时接手的时候，每天30元，现在涨到每天75元了。2008年，大概好几万斤竹子死了，请林业局去看了，他们说是一种虫把竹子吃了，钻在竹节里，用乙烯甲二磷，在地面上和竹子上打药，去年就好一点了（A企业项目负责人）。

高山蔬菜基地项目的实施包括7项工作。一是组建Z镇兴农果蔬专业合作社，作为农产品配送中心的实施单位，注册资金从原来的5万元变更为30万元。合作社单独建账，采取市场化运作模式，任命镇农科员为合作社负责人，外聘会计、出纳人员。二是落实耕作基地，前期总面积约300亩，实行标准化生产，做到“五统一”（统一供种、统一农资、统一技术、统一培训、统一销售）。三是确定可供的主要农产品。根据Z镇的地理环境和当地村民的种植（养殖）技术，初步确定了主要农产品。第一批蔬菜2011年3月下旬播种，6月上旬上市。四是办公场地和设备的购置。安排了办公场地、蔬菜临时收购场地，配备了办公设备、磅秤、厢式运输车和农产品质量安全检测设备。五是品牌和包装。建议为“千岛湖”商标，制定生产标准，商标设计注册和包装箱、筐、袋的设计。六是项目投资预测。第一年计划总投资 83 万元。明确了项目包括三部分：无公害优质农产品原料生产基地，采后处理、冷藏贮运、汽车配送，品牌营销、市场网络。七是销售网点及销路问题。提出了销售渠道的目标：从长计议，待基地达到一定规模时，在杭州必须要进入大型超市、农贸市场、大型酒店，并有一个农副产品自营场所，集零售、仓库功能，主要经营以 Z 为主千岛湖农副产品。并设计了初期的销路解决方案：前二个月以帮扶集团成员单位及其下属企事业单位的食堂为主，待条件成熟，逐步向大型超市、农贸市场、大型酒店客户发展。并要求必须在 2011 年 5 月份落实好供货的食堂，以解决 6 月上旬上市的第一批高山蔬菜的销售问题（Z 镇内部资料，2011 年 5 月）。

B 集团与淳安县 Z 镇具体负责实施的无公害高山蔬菜基地已进入首个采割期。第一阶段种植的 200 亩蔬菜 6 月底已在杭州上市。今年以来，高山蔬菜基地经受了多次大雨和山洪的考验，目前，被洪水冲毁的基地道路正在修复，预计 7 月底可竣工。基地上的排水灌溉设施已完成外业测量并预算，计划 8 月底建成并投入使用（Z 镇内部资料，2011 年 7 月）。

Z 镇高山蔬菜基地建设也在紧锣密鼓地进行当中，新播种的青菜、萝卜、娃娃菜等都已播种，且长势良好。与基地相配套的道路、水渠、旱水池、挡墙等基础设施建设也在紧锣密鼓地进行当中。为了提供优质的蔬菜，提高高山蔬菜的栽培管理技术水平，8～9 月，Z 镇果蔬专业合作社邀请市、县农业局专家来镇为菜农讲授蔬菜栽培与田间管理和病虫害防治技术、安全用药及科学施肥技术等方面的知识，同时邀请相关专家进行现场咨询，现场重点指导推广无公害蔬菜栽培技术（Z 镇内部资料，2011 年 10 月）。

由上述资料可以看出，产业开发型 CSR 项目所涉及的活动范围很广，从基地的基础设施建设到产品种植、市场销售，活动链条很长。相对来说，“四个一万工程”和网络慈善平台项目的活动范围中等水平，活动链条短，只涉及确定受助人员、捐助资金、完成相关手续等活动，但是又比简单的捐款复杂很多。

不少慈总为此发了专门文件，会长或副会长、秘书长亲自指导，召开乡镇民政助理员会议，做了大量的调查摸底工作。如有一个慈总本单位没有车子，就雇了一辆小面包车调查了一个星期。北仑区虽然经济条件不错，我们资助的人数也不是很多，会长还是副厅级的领导，但他们仍十分重视，不仅受助对象找准，而且每次都集中发放，会长又亲自陪同我们走访，使我们深受感动。我们助学不仅是在资金上给予支持，而且注重助学对象的健康成长，对他们全面负责。我们每年都要赴各县市走访受助生，赠送生活用品和学习用品，鼓励他们树立远大理想，克服暂时困难，勤奋学习，立志成才。对受助者的来信做到每信必复，我们认为这是与受助者沟通、交流，激励他们的机会，对已毕业的受助生，我们对他们作就业指导，鼓励他们自找工作。如找不到工作，又符合招工条件的，我们均妥善安排。至今已有不少人到C集团就业，并且找到对象（C集团项目材料）。

“四个一万工程”方面：落实了新资助点，走访了部分受助生，我们先后到贵州省铜仁市、山西省左权县及本省12个县走访了136名受助生及80余户家庭，审阅了近9 000份受助生审批表，编制了20个省188个县13 000余人的名册，验证了1 500余份升学证明，汇了90余批次32 097 000元助学款，扩大了资助范围、增加了资助人数，新增了24个县（市区）设立了资助点24个，新增受助人数2 151人，举行了助学款集中发放仪式，回复了受助者来信和社会求助者来信1 292封，完善了基础工作，完成了省内外4 300余名受助者建档及资料输入计算机工作，对停助受助生作了调查统计，加强了联络，向各慈总寄了表册、信函，到省慈总盖了新增或调换的受助者审批表印章3 000余份，并将盖过章的审批表寄回各省市县区慈善总会（选自C集团项目2011年工作总结）。

受助人的信息要经我们要审核的，不是谁都可以发上来接受募捐。怎么审核呢？他提供我们要求的这些资料，我们要根据这些资料各方面去核实，比如说他在医院里面，那我通过114查询这个医院的电话是多少，然后我向这个医院询问他的主治医生是谁，有没有这个医生，有的话去问这个医生他的病情怎么样，然后可以通过联系他所在当地的政府，比如说村委会、乡镇府，可以问他们这个人的情况怎么样，是不是贫困，然后所有的联系方式在网上都进行公开，接受所有网友的监督，大家可以一起来监督，我们9个人要做这么多的事情。如果说受助人不会发布求助信息，那么会涉及一个帮他发布的人，我们从各方面核实这个证明人的联系方式，全部都会在网上公开审核时有些证明人的电话不太好打，所以有时候有点耽搁（D企业项目负责人）。

CSR项目涉及的活动范围不同，对资源的需求数量和类型有明显差异。对于慈善捐赠型项目来说，资金、实物主要由企业投入，慈善总会等非营利组织主要投入人力、信息等资源，双方投入的资源互补性很高，差异较大。

> C 集团在“5·12”四川汶川地震后，率先在灾区每年出资 1 000 万元，资助 4 000 名孤儿、残疾儿童、特困生和孤老。2009 年，“四个一万工程”支出达到 2 000 万元，计划从 2011 年起，每年增加 1 000 万元支出，到 2019 年达到 1 亿元（C 企业提供项目材料）。
>
> 我现在唯一一点就是人手不够，我每天只能睡 4 个小时，我们 10 个人做了差不多 40 个人的工作。网上募集是不扣管理费的，相当于我们的管理费是由企业出的……员工工资、房租、水电费、计算机损耗、社保……40 万元以下（D 企业项目管理人员）。

在产业开发型 CSR 项目中，合作双方投入的资源数量主要根据投资协议或实施方案执行，在毛竹林项目中 A 企业投入了大部分资源，但在高山蔬菜基地项目中，地方政府的资源投入相对较多。

> 总共的投入，到现在大概 150 万元左右，不打算再投入现金了。出产了以后又投进去的资金加起来可能有 200 万元，这个也应该算，有收入了以后再投进去种后面的 400 多亩，每年砍伐了几十万斤，除了工资，后来种下的 470 亩还要培养，这个钱主要是投入了，以第一批种下去毛竹的收入养活后来种下的毛竹，以前面的竹林养后面的竹林（A 企业项目负责人）。
>
> 2011 年来，B 集团创新“联乡结村”帮扶工作思路，改“输血”为“造血”，积极扶持 Z 镇打造优质有机农产品配送中心，并帮助当地农民筹建了无公害高山蔬菜基地。在市纪委牵头下，B 集团等单位积极组织 Z 镇相关人员赴杭州市周边蔬菜基地和杭州市农业科学研究院调研学习，从而使当地农民了解了基地建设的相关内容，掌握了高山有机蔬菜的培育种养知识和配送流程。在此基础上，B 集团已投入帮扶资金 50 万元，用于当地蔬菜基地和配送中心的建设（Z 镇内部资料，2011 年 7 月）。
>
> 据统计基础设施完成的规模为，新建机耕路硬化路面 900 米，宽 3 米；新建排灌水渠 1 517 米，宽 0.4 × 0.6 米；新建蓄水池 100 立方米；新建抗旱水池 2 个；新修石挡墙 360 米，总计投入资金 110 余万元（Z 镇内部资料，2011 年 10 月）。

在毛竹林项目中，A 企业投入了 150 万元，并负责管理出林前的毛竹园。根据当地行情，村委投入的 1 000 亩林山若出租 50 年，可以收取 30 万～50 万元的租金。整体来看，A 企业投入了项目实施所需要的大部分资源。在高山蔬菜基地项目中，B 企业投入资金 50 万元，并帮助做了大量外部协调工作；Z 镇政府筹集了60万元基金，并负责日常的建设、管理工作，所以当地政府的资源投入相对更大。

（2）投资动向/承诺。在投资动向、资源承诺方面主要适用于企业，A企业已经投入资金150万元，超出协议规定50万元，后续不再投入现金，以老竹林的收入养新竹林。B企业明确表示，可以根据项目需要随时增加资金扶持；C企业对每个受助人的资助是连续性的，每年在整个“四个一万工程”上的资助金额将持续增加，在每个资助点的投资保持稳定；D企业保持承担网络慈善平台的运行费用，直到慈善平台能够自己筹集到足额的管理费用。另一方合作伙伴的资源承诺也基本稳定，但高山蔬菜基地项目中的当地政府可能会发生变化，因为当年的项目发生了亏损，由Z镇政府承担。

（3）参与水平与领导参与。在四个CSR项目中，大部分是由企业方面负责项目的日常管理，只有高山蔬菜基地项目是由当地镇政府负责项目的日常管理和建设，B企业负责联系外部的资源支持。A企业和C企业的高管一致关注项目的开展，并实质性地参与项目审批和管理。B企业和D企业的高管在项目发起或启动阶段参与了项目实施，后续的工作委派给项目管理人员具体负责，时而有一些象征性的参与。

（4）沟通。在产业开发型CSR项目中，企业与合作伙伴的沟通频率较高，一般是企业主动联系地方政府，推动项目的实施。C企业直接与180多个资助点沟通，要求工作人员每年至少写3次书信、打5次电话联络，实际频率还要高。D企业与金华市慈善总会至少每月沟通一次，汇报账目情况和重要事项。

我一般每周都回村里一次，有什么事就直接跟他们（村委）说了（A企业项目负责人）。

2011年，我去了Z镇七八次，每周都电话沟通，刚开始每月都去一次，我每次通话都是直接找镇书记，找合作社负责人不行，他什么都不懂、不知道（B企业项目负责人）。

（5）决策制定。有关项目实施的决策主要由企业方决定，但高山蔬菜基地项目例外，B企业只是从外部提供帮扶，提供咨询建议，具体的做法由Z镇政府和果蔬合作社决定。

我这个外行都知道点蔬菜应该怎么种，我经常咨询市场情况，然后告诉他们……当我们去那里看镇政府都是把种子撒在地里，不是在种，我心里……他们品种没有选好，土壤不够肥，菜的口感不太好（B企业项目负责人）。

(6) 过程复杂性。在伙伴关系执行或者管理阶段，部分 CSR 项目面临着一定的困难或挑战，提高了管理过程复杂性。A 企业面临的挑战主要来自当时村委主要干部的短期行为和自利行为，C 企业面临的困难是部分慈善总会不配合工作，短期内影响了伙伴关系的发展，但这些困难后来都被克服掉。B 企业和 D 企业在伙伴关系方面遇到的障碍相对较少。

村书记有短期行为，今年我当书记，3 年一届，他要求把这个土地卖给你，多少钱一亩，现钱拿过去，他就有钱用了，如果投资的话，村里到什么时候才有钱用啊，他是这样想的，他就是不理解。老百姓能理解，当干部的不理解，干部是一种短期行为。他反正想，今年我当村书记，明年一改选又不是我当了，今年我当，我有钱用就行了，1 000 亩地，卖个几十快钱一亩，就不少钱了，他就要钱，按农村的话说："手特别长，捞到钱他好用。"所以前几年 × ×董跟他签这个协议就签不下来，我几次把协议草稿弄好让他们签，他们既不修改也不签，第五年才签下来合同。有这么一个复杂的过程（A 企业项目负责人）。

当时的妇女主任、村委委员，书记亲戚提出要点钱，书记信她，所以协议并没有签。租金 600 亩是 15 万 ~20 万元 30 年。我接近书记，并且做工作。× ×董因为毛竹林挖山不合格，我们验收，扣了点钱，说清楚的。书记因为与挖山的人关系好，可怜他，劳动强度这么大，带去过 × ×董那里要钱，× ×董批评了书记，把人带他那里去。书记心里不舒服、个性很强，只有我去讲书记才会听，后来做事情并不是很漂亮。我当村长那一年做书记的工作，新农村整治拨款修路不够，所以找老板商量。我经常找过老板增加感情。一次次的商量后，过老板负责了道路的修建，投资了 40 多万元（A 企业项目中当地村老年协会会长，2002 ~2008 年担任村长）。

我们遇到的困难或障碍，我认为主要是有个别省市县慈总干部人员调动频繁，没有专人负责，对我们的项目不够重视，个别地方连科级干部或普通员工都没有出来，只安排个青年志愿者陪同我们走访，对情况又不是很清楚。如四川省个别市慈善总会 2011 年资料迟迟没有报来，我们天天电话催要，但一直无人接听，原来的工作人员早已换岗，接替的人员又工作变动，办公室仅有人员又下乡去了，后来实在没办法，通过四川省慈善总会联络，终于有一个副会长说是他在负责，但他只提供办公电话，拒绝提供手机等联系方式，而办公电话又常常无人接听，他对我们说，能否今年停助一年，让

> 我们哭笑不得，因为我们的资助是连续性，他说反正他已经是退休人员了，没关系的。让我们感到寒心。不过，后来经多方努力，还是在年内把钱汇出去了。还有个别资助对象审批表填报不详细，我们电话去询问核实时，拒绝提供信息，把我们当成骗子了。但绝大多数慈善总会都很重视，对我们的工作也非常配合，去陕西省走访时，陕西省慈善协会会长，同时是陕西省在位副省长，亲自接待我们，令我们备受感动（C 企业项目管理人员）。

（7）效率与公平。按照 Jamali & Keshishian（2009）的定义，这里的效率是指合作双方从伙伴关系中获得的期望价值为正的，并且比其他组织方式更大。显然，每个 CSR 项目实施中的伙伴关系都是有效率的，企业通过伙伴关系获得必要的资源，顺利实施 CSR 活动，实现自己的公益目的或帮扶任务；当地政府或慈善总会通过伙伴关系促进了组织运行目标的实现，提高农民收入或者帮扶困难群众，至少是没有坏处的，合作双方对伙伴关系的价值都很认可。另外，双方资源互补，“有钱的出钱、有力的出力”，对每个合作伙伴也相对公平。在毛竹林项目中，尽管当地村委没有在当时收取林山租金，但可以在成林后直接获得20%的利润分配，企业方的20%利润分成也用于村庄公益事业，也是在为乡村建设提供资助，村委获得了长期利益。尽管 B 企业项目管理人员对高山蔬菜基地的产品不太满意，但在访谈中没有表示出不公平感，比较认同类似项目不太好做。

（8）信任。正如 Walters & Anagnostopoulos（2012）所指，这里的信任还包括合作双方工作人员之间的相互信任，始终影响着伙伴关系的进展。访谈中发现，企业人员对当地政府工作人员都表现出一定的不信任，认为他们实施项目不积极或者侵占项目利益，甚至捞取个人私利。例如，本研究作者在调研过程中观察到××村干部一直把毛竹林称作“××董的毛竹林”，不相信它的公益性；B 企业项目管理人员公开批评镇政府人员实施项目不积极、表露出不信任。企业对慈善总会的信任程度更高一些，尽管 C 企业在合作关系中设计了一些预防弄虚作假的程序，但多年合作下来，感到对方的工作基本值得信赖。

> 去年，去林业局一趟，看他们有什么钱可以扶持我们，林业局是有钱的，被村里要去了，没给毛竹山。因为他（林业局）要求把钱打到单位账上，不能打到私人账上，打到村里帐上，村里不会给你用的……我估计林业局的钱下来了，就是打给村里的，村里转用掉了（A 企业项目负责人）。
>
> 当初种毛竹之前，山上面还有种树的，后来把树砍了去还贷款了，那个时候他们（××董与当时的村支书）就有想法了，当初是想如果还掉贷款

还有的多就给他（××董），少了也是他（××董）自己补，但是后来（村支书）卖掉很多树，却没有跟他（××董）讲（毛竹林项目××村委委员）。

你们动作要快一点，不要老拖（本研究作者观察到 B 企业人员向 Z 镇政府人员抱怨项目实施进程慢）。

主要是镇政府对这个项目不重视，可能不是他们想做的，完全是政府工程（B 企业项目管理人员）。

（9）目标一致性。尽管在伙伴关系设计阶段就已制定了目标，但本研究作者在调查中发现，在伙伴关系的执行/管理阶段，合作双方的目标可能出现差距，从而影响到伙伴关系的发展和项目顺利实施，Seitanidi & Crane（2009）把其视为 CSR 合作伙伴关系实施中面临的管理挑战之一。这种目标差距在产业开发型 CSR 项目中表现比较明显，如毛竹林项目中村支书要求收取林山租金，而不是作为村委的投资获取利润，甚至村支书个人希望从项目建设中获取利益；高山蔬菜基地项目中镇政府对项目管理投入不足等。

5.2.2　主要特征总结

（1）在主要因素上的表现。在伙伴关系管理阶段，企业方投资意向强烈，作出了明确的资源承诺，主动推动、参与项目的实施，也都认为合作关系是有效率和公平的。但是，每个项目在活动范围、资源数量、沟通、过程复杂性、决策制定、目标一致性等因素上也表现出不同的差异性。

（2）两类 CSR 项目的不同。由于项目内容的不同，产业开发型 CSR 项目显然要比慈善捐赠型 CSR 项目活动范围更广、管理过程更复杂、需要沟通得更频繁，两类项目在这几个因素上的差别比较明显，也容易理解。

基于以上对两类 CSR 项目在伙伴关系设计和伙伴关系管理阶段不同之处的分析，本研究提出以下命题：

命题 1　不同类型的 CSR 项目具有不同的资源需求，从而影响到企业合作伙伴的选择。

命题 1a　在产业开发型 CSR 项目中，活动链条长，资源需求复杂，政府是不可替代的关键协调人，成为项目实施的主要合作伙伴。

命题 1b　在慈善捐赠型 CSR 项目中，活动链条短，资源需求简单，非营利组织成为项目实施的主要合作伙伴。

但是，笔者在调查中发现，目标一致性、资源投入程度、主要决策权和信任程度四个因素不一定直接受到项目内容的影响，因此，从四个方面比较每个项目中伙伴关系的特征，如表 5－1 所示。

表 5－1　　各项目中的主要伙伴关系特征

项目	伙伴关系	关系特征			
		目标一致程度	双方投入资源	决策权	信任度
公益毛竹林项目	A 药业—村委	中	A 企业约占 70%，村委约占 30%	A 企业	中低
高山蔬菜基地项目	B 投资—镇政府	中低	B 企业约占 40%，镇政府约占 60%	镇政府	中低
“四个一万工程”项目	C 集团—资助点慈善总会	高	C 企业约占 80%，各地慈善总会约占 20%	C 企业	中高
网络慈善平台项目	D 信息—市慈善总会	中高	D 企业约占 90%，当地慈善总会约占 10%	D 企业	中高

注：目标一致程度和信任度因素按照“高、中高、中、中低、低”五个等级评价。

在公益毛竹林项目中，A 企业经过多次协商，与当地村委达成一致，由 A 投入资金 150 万元，村委投入 1 000 亩荒山，合作种植毛竹林 50 年，产生利润后，各分配 20%，村老年协会分配 60%。但之后村委负责人的态度发生了变化，希望一次性收取山地租金 30 万元，导致在毛竹林种植 5 年后才签订书面协议。A 企业项目负责人认为村委个别干部在毛竹林种植过程中捞取私利，甚至有挪用上级林业部门拨款的可能。当地村委干部认为毛竹林是 A 企业负责人的个人资产，不属于村集体资产。由此认为，双方的目标一致程度为中，信任度为中低，A 企业投入了项目实施所需的大部分资源，约占 70%，对项目实施具有主要决策权。

在高山蔬菜基地项目中，B 企业对项目设置很高的目标，希望能打造成当地名牌无公害农产品，并准备进入超市销售，以实现高质高价，提高农户收入。但在调查中也听到 B 企业领导公开指责镇政府对项目实施不积极、行动落实速度慢。整个项目投资约 110 万元，B 企业捐赠 50 万元，上级部门“菜篮子”工程立项拨款 15 万元，其余的资金和具体工作进展由镇政府负责安排、解决，并投入 220 亩山地作为蔬菜基地。B 企业项目管理人员认为镇政府没有对蔬菜基地进行精细管理，导致蔬菜品质不高，没有得到顾客的青睐。由此引起 B 企业对镇政府的项目实施目的产生疑问，认为镇政府可能初始并不想把土地投入蔬菜项目，只是为了吸收捐款、修建基础设施，该基地以后可能会转作他用。由此可见，双方的目标一致程度为中低，信任度为中低，B 企业投入了项目实施所需的部分资源，约占 40%，镇政府投入了大部分资源。综上所述，在产业开发型 CSR 项目中，企业与当地政府之间的目标一致性程度和信任度处于中等及以下水平，双方的资源投入情况因项目而异，如果其中一方的投入明显超出另一方而处于主导地位，就拥有项目的主要决策权。

在“四个一万工程”项目中，C 企业主动出资实施捐赠，与慈善总会的组织职能十分相似，由于双方的目标比较一致，都是为了帮助困难群众，所以得到了大部分慈善总会组织的支持和配合。C 企业投入巨额资金实施捐赠，各地慈善总会负责提供信息、资金发放、完善手续、陪同考查等工作，所以 C 企业为项目实施投入了大部分资源，约占 80%，各慈善总会投入了约占 20% 的资源，C 企业拥有对项目的主要决策权。C 企业对各慈善总会提供的困难群众名单和受助人捐款签收凭证进行审核，必要时对受助人进行电话回访甚至实地考察，审核中也发现了个别弄虚作假、骗取资助款的案例，但认为绝大多数慈善总会对项目实施非常支持，并对非常配合的慈善总会予以感谢和激励，说明 C 企业与各慈善总会之间的信任程度达到了中高水平。

在网络慈善平台项目中，D 企业主动找到当地慈善总会，希望合作设立网络慈善分会，由 D 企业负责具体的实施工作，慈善总会提供业务指导和必要的监督，并得到了地方政府领导的认可，双方的目标比较一致，都是为了做好当地的慈善事业。在网络平台项目实施中，大部分捐款来自于网络，D 企业投入了网络平台运行必需的设备、技术、人员、场所等资源，所以可以认为其投入了大部分资源，对项目实施具有主要决策权，当地慈善总会提供了政策、制度支持。网络慈善分会由 D 企业员工负责日常的运营管理，需要定期向市慈善总会上报接受捐赠和对外资助情况，接受其监督和指导，双方的信任程度为中高。

基于上述分析可以发现，就本研究的四个项目案例而言，慈善捐赠型 CSR 项目中企业与主要合作伙伴之间的目标一致性程度和信任度水平高于产业开发型 CSR 项目；企业在项目中的资源投入比例大于合作伙伴时，可能获得项目实施中的主要决策权。

5.3　其他项目参与方

在各 CSR 项目实施过程中，除了上述合作伙伴，还有其他相关方的参与，提供了信息、技术、劳动力等资源，保障了项目顺利实施，每个项目的具体参与方及其相互联系，如图 5 – 1 至图 5 – 4 所示。

产业开发型CSR项目的参与方相对较多，所嵌入的社会网络相对复杂。A企业除了与村委建立合作伙伴关系，还通过村委向上级林业主管部门申请“低产林改造项目”经费资助，并获得林业部门的技术支持，建立了间接联系；A企业的公益行为获得了当地镇政府领导及相关部门的支持，建立了直接联系。同时，A企业负责人作为从村里走出去创业成功的村民，多次通过慈善总会为村里修路、造桥等建设项目捐款，每年为村里每位老人发放350元生活补贴，村民个人或家庭遇到比较大的困难，也愿意慷慨解囊，所以获得了村民的信任，与村老年协会和受助村民建立了直接联系。在当地实施项目，必然要与其他村民产生多种联系，由村委出面安排或协调。下面是访谈中获得的部分具体信息。

毛竹林低产改造，林业局对我们是有安排的。我在这几年每年有3万～4万元，2～3年吧，林业局是有这个项目的，反正我们农村里干部，哪里有项目我们都过去做（A企业项目中当地村老年协会会长，2002～2008年担任村长）。

当时我在镇政府的时候，为了毛竹林有事情请假出来，乡长、书记都很支持，认为是××董在××村做好事种的毛竹，他们都挺支持的。当时的书记姓胡，现在退休了，党委书记，这个他们政府都挺支持的（A企业项目负责人）。

我拿着协议签了字到××董那里，××董拿着协议到镇政府签字鉴证后再拿回来的（A企业项目中当地村老年协会会长，2002～2008年担任村长）。

还有一点比较好，就是有人生病可以去向××董要钱，一般来说他都是给的，上次有对夫妻患难以医治的病，看病要15万元，村里是没什么钱，后来和××董说了下，顾总给了医疗费。太湖镇这边老百姓得了一般性毛病，都找××董，一般性病他至少都给5 000元费用的（毛竹林项目××村现任村委委员）。

种植的过程雇村里人。比如说，种一株，我给你多少钱。第一年种毛竹的时候，把竹苗背上去，砸了几锄头，就放在那里了，死了活了他不管了。第二年的时候，像明年正月要种的竹苗，在农闲的时候，就提前一个穴一个穴挖好，60公分长、40公分宽、40公分深。我安排一个人在管的，让他把尺子拿在手里，一个一个量，挖一个穴1元钱，难挖的地方2元钱。不合格的重来，钱不付，合格后报过来给我，我付钱，是这样做的（A企业项目负责人)。

老百姓的田挖到山上去了，占了毛竹林的地，然后管理毛竹的人不同意了，就叫我们村里的人去处理，到现在为止还有一个事情没有处理好呢（A企业项目中××村2011年村支书)。具体如图5-1所示。

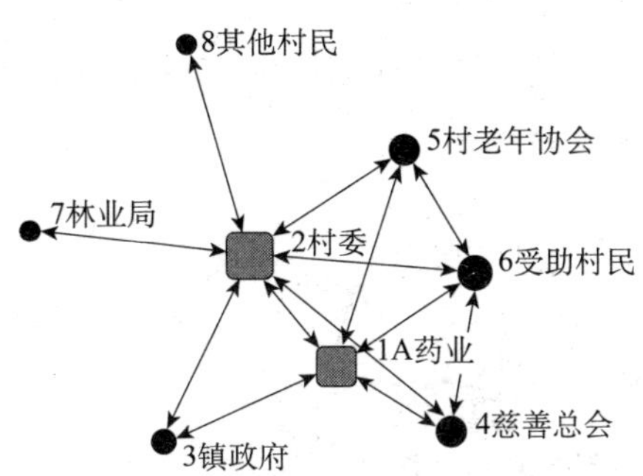

图5-1 毛竹林项目A企业嵌入网络

B企业利用自身是市级帮扶集团成员的身份，以“结对帮扶”为缘由，嵌入政府部门网络，为项目的实施获得相关政府部门的支持，如市质监局提供蔬菜农药残留检验方面的支持；市农科所提供优质的蔬菜种子和种植技术服务，县农业局允许使用当地地域品牌的名称和包装设计；市交警部门免费办理蔬菜运输车辆的进城证等。B企业还动员本企业集团系统内的大型企业食堂收购蔬菜基地的产品，以保证蔬菜基地在产品上市初期就能实现顺利销售。其他部门的角色在高山蔬菜基地项目实施方案中有明确的要求，除了贸易局以外，相关部门都为高山蔬菜基地项目的实施提供了支持。

需要相关单位帮助解决的问题。一是杭州交警支队。由于需要购置厢式货车运送农产品，货车随时要进入杭州，需要开具进杭通行证。二是工商局。帮助合作社变更营业执照和经营范围，帮助品牌商标注册。三是质监局。负责做好农产品的生产全程质量安全检测工作，确保产品符合国家卫生标准和食品安全标准。四是农业局、农科所。负责推荐优质品种的种子，提供必要的农资材料和优惠政策，对农技人员和农户进行技术培训、业务指导。五是贸易局。在生产达到规模化、正规化、品牌化后，大量的农产品上市，需要进入超市、农贸市场、宾馆等直供，需贸易局帮助协调进场销售事宜。六是其他成员单位。如汽轮集团，需要一起帮助解决无公害农产品的销路问题，设置好销售网点，特别是第一批上市的农产品销路问题，确保农产品的销售率（选自B企业项目高山蔬菜基地实施方案）。

B那边食堂接送过3次菜，是由领导联系的，领导不联系我们也不熟悉，青菜2 000斤送去食堂又吃不完，食堂能吃多少，天天要吃新鲜菜，给车子办的进杭通行证，原来是一个月办一次的，这个月不知道，大前天去送了点东西，又是高峰期的通行证，又是进杭通行证，上次早晨7点多钟被罚了100多快钱。我们又不知道高峰期通行证没有办，都是B办的（Z镇果蔬合作社负责人）。具体如图5－2所示。

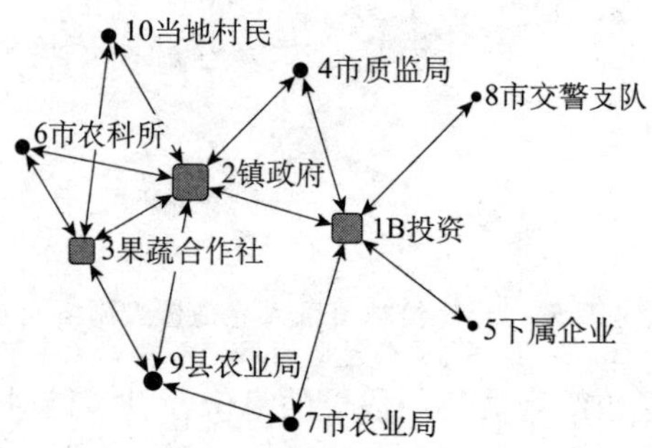

图5－2　高山蔬菜基地项目B企业嵌入网络

慈善捐赠型CSR项目的参与方相对较少，社会网络相对简单。C企业在浙江省慈善总会设立了慈善基金，嵌入浙江省慈善总会系统，直接与基层慈善总会组织建立联系。鉴于慈善总会的政府背景，C企业也与各地的民政部门建立了直接联系。在项目实施中，C企业与部分受益人建立了互动，做到来信必复，并对部分受益人进行了实地考察。图5－3展示了C企业在每个资助点实施项目的网络，这种嵌入模式被应用于全国近188个县级资助点。

我们的资助点一般通过民政、慈善帮助我们物色对象，我们再走访核实，最终确定资助对象，一般是我们直接与各省慈善总会联络，具体资助哪里是当地政府与我们C协商后定的（C企业项目管理人员）。

D企业与金华市慈善总会合作，登记成立了金华市慈善总会网络慈善分会，并借助慈善总会系统的政府背景，与当地政府部门建立了直接联系，获得了政府主要领导的认可。D企业专职工作人员需要审核资助申请人的真实情况，并在平台上公布审核结果，以获得捐款人的信任。这样一来，可以收集到受益群体的信息，使慈善资源真正用到需要的地方，提高项目效果，因此，企业专职人员通过网络平台与捐款人和受助人也建立了直接联系。具体如图5－4所示。

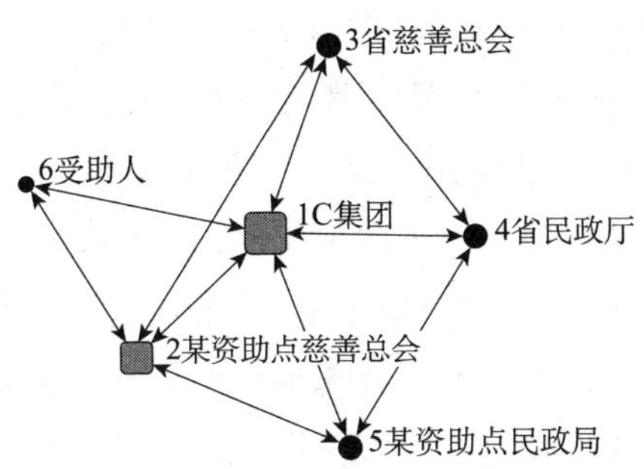

图 5-3　“四个一万工程”项目 C 企业在某资助点嵌入网络

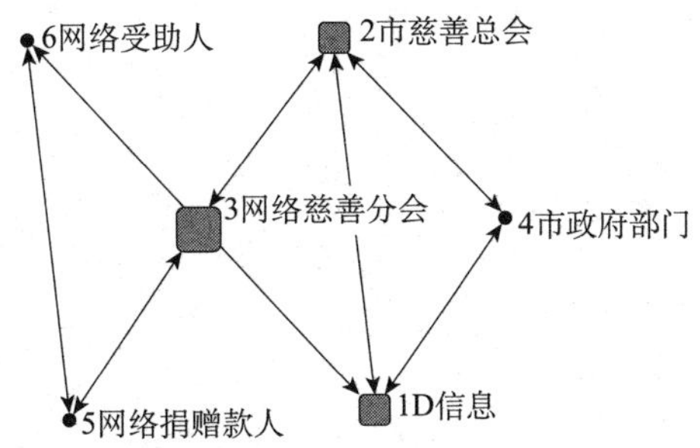

图 5-4　网络慈善平台项目 D 企业嵌入网络

对四个 CSR 项目中案例企业所嵌入的网络图进行比较发现，A 企业和 B 企业所嵌入的社会网络参与者数量更多，参与者的类别也较多；相反，C 企业和 D 企业所嵌入的社会网络参与者数量相对较少，参与者的类别也相对简单。因此，本研究提出以下命题：

命题2　相对于慈善捐赠型 CSR 项目，产业开发型 CSR 项目实施的参与方更多，项目网络中行为主体的类别更多，网络规模更大。

5.4　本章小结

本章对四个 CSR 项目实施中的伙伴关系设计、伙伴关系管理和相关参与方进行了分析，并提出了一些研究命题。通过对两类 CSR 项目伙伴关系的对比，本章得出以下研究结果。在产业开发型 CSR 项目实施中，企业选择当地政府部门作为主要合作伙伴，正式化程度较高，具有清晰的长期目标和近期目标；在慈善捐赠型 CSR 项目实施中，企业选择非营利组织作为主要合作伙伴，正式化程度中等，一般只有近几年内的目标，没有更长期的目标。由于项目内容的不同，产业开发型 CSR 项目比慈善捐赠型 CSR 项目活动范围更广、管理过程更复杂、需要沟通得更频繁。同时，企业在实施产业开发型 CSR 项目时，要比实施慈善捐赠型项目所嵌入的社会网络参与方数量更多、类型更多，网络规模更大。

就本研究的四个 CSR 项目案例而言，产业开发型项目中主要合作伙伴之间的目标一致性程度和信任度水平低于慈善捐赠型项目；企业在项目实施中能否取得主要决策权可能与企业在项目中的资源投入比例是否高于合作伙伴有关。

第6章 CSR项目实施中的结构嵌入

本章将在第5章伙伴关系的基础上，分析每个企业在CSR项目实施中所嵌入社会网络的结构特征。首先测量每个项目网络的密度，反映项目网络的整体特征；其次分析企业在每个项目网络中的相对位置；再次分析每个项目网络中的结构洞位置，计算节点的结构洞指数；最后对本章的研究结果进行总结。

6.1 CSR项目实施中的网络密度

网络密度是指行为主体之间的连接（直接联系）占所有可能连接的比例（Hansen et al.，2001）。其计算公式为：

$$\Delta = \frac{L}{g(g-1)/2} = \frac{2L}{g(g-1)} \tag{6.1}$$

如果一个网络中有g个行动者，那么其包含的关系总数在理论上的最大可能值是g（g－1）/2，如果该网络中包含的实际关系数目为L，那么该网络的密度就是“实际关系数”除以“理论上的最大关系数”，即：L/［g（g－1）/2］＝2L/［g（g－1）］。

本研究第五部分通过分析哪些参与者之间建立了直接联系并发生了资源、信息的流动，哪些参与者之间只建立了间接联系、通过其他方传递信息和资源，绘制了4家案例企业实施CSR项目所嵌入的社会网络图，为了本章分析展示的方便，现把它们合并为图6－1。把每个项目网络图以矩阵数据的形式输入UCINET软件，然后计算出每个项目网络的密度，计算结果如表6－1所示。以毛竹林项目网络为例，网络中共有13条连接关系，最大可能连接关系数＝8×（8－1）＝56（条），所以该网络密度＝26/56≈0.464，其他项目的网络密度计算过程相同。

在公益毛竹林项目的实施网络中，A企业与当地村委、村老年协会、受助村民、慈善总会有直接联系，还要雇用当地有劳动力的村民参与毛竹林的种植、养护和经营，通过村委协调与部分非受助村民的利益冲突，网络中还包括当地镇政府、林业管理部门等，但有些成员之间在该项目中没有直接联系，整个网络的连接比较松散，网络密度小于0.5。B集团所嵌入的网络规模更大，不仅包括当地镇政府、合作社、广大农户，还包括市级帮扶集团成员——质监局，以及与项目实施相关的其他政府部门和企业，网络中部分行为主体之间缺少直接联系，整个网络的连接较为松散，网络密度只达到0.3左右。C集团与每个资助点的慈善总会组织和民政部门产生直接联系，每年都有大量的信息和资金流动，关系较为紧密；C集团选择部分受助人上门看望至少1次，查验是否符合资助条件，一旦通过检查，将获得持续资助并可以随时取得直接联系，网络密度为0.667。D企业也与当地慈善总会建立了紧密联系，并使网络慈善平台成为当地慈善总会的分会，大量的受助人和捐款人在网络平台上直接互动；也借用慈善总会的政府背景与当地政府部门建立了直接联系，网络密度为0.533。

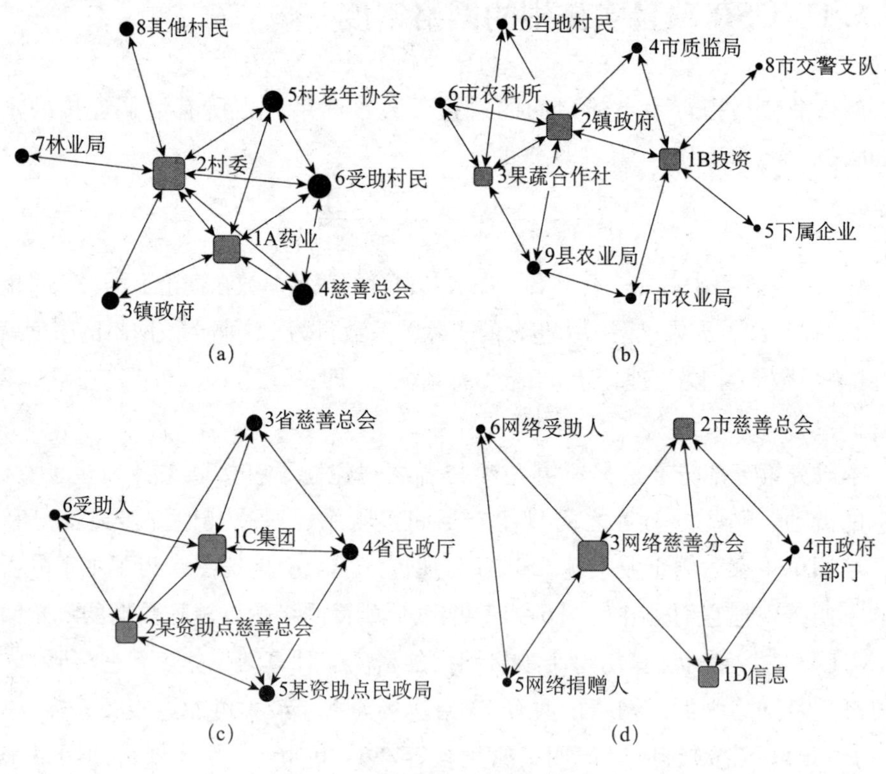

图6-1　各案例企业嵌入网络

表 6-1　　各项目网络的结构特征

项目类型	项目名称	网络密度	关键节点	程度中心度	中间中心度
产业开发型	公益毛竹林	0.464	A 药业	71.429	8.730
			村委	100	61.111
	高山蔬菜基地	0.311	B 投资	55.556	47.685
			镇政府	66.667	48.148
			果蔬合作社	44.444	6.019
慈善捐赠型	四个一万工程	0.667	C 集团	100	26.667
			资助点慈总会	80	13.333
	网络慈善平台	0.533	D 信息	60	15
			市慈总会	60	15
			网络慈善平台	80	60

通过比较每个项目的网络密度可以发现，在产业开发型 CSR 项目中，案例企业所在的网络中包含的行为主体类型较多，网络规模较大，行为主体之间的连接相对松散，网络密度较低；相反，在慈善捐赠型 CSR 项目中，案例企业所嵌入网络的行为主体类别较少，网络规模小，网络中主体之间的连接比较紧密，整体网络密度较高。基于上述分析，提出下列命题：

命题 3　*CSR 项目类型通过网络规模，影响到企业实施 CSR 项目所嵌入的网络密度。*

命题 3a　*在产业开发型 CSR 项目中，企业倾向于嵌入较大规模的社会网络，但网络密度相对较低。*

命题 3b　*在慈善捐赠型 CSR 项目中，企业倾向于嵌入较小规模的社会网络，网络密度相对较高。*

6.2　企业在 CSR 项目实施网络中的地位

企业在网络中的地位包括企业在网络中的位置（核心位置还是边缘位置）和对信息、资源流动的控制程度（Powell et al.，1996；Zaheer & Bell，2005；罗家德，2010）。对于整体网，一方面通过计算每个节点的标准化程度中心度（Degree Centrality）来发现谁在这个网络中是最主要的中心人物，中心度越高，说明企业越接近网络的核心位置，企业在网络中的地位越重要（罗家德，2010）；另一方面，通过计算结构洞指数，分析网络中两个行为主体之间没有直接联系的现象（Burt，1992），从而测量行动者对资源控制的程度（刘军，2009）。本节主要分析企业在每个项目网络中的程度中心度，以反映企业在所嵌入网络中的位置，对结构洞指数的计算在下一节展示。

程度中心度指社会网络中某个节点的连接关系总数除以该节点在网络中的最大可能连接关系数，为了便于不同网络之间的比较，测算标准化程度中心度（Freeman，1979），其计算公式为：

$$\mathrm{Degree}_i = \left(\sum_j X_{ji}\right) / (g-1) \tag{6.2}$$

如果一个网络中有 g 个行动者，行动者 i 的程度中心度数就是与行动者 i 直接相连的其他行动者 j 的个数，其理论最大值为 g－1；由于每个网络的规模可能不同，为了能够比较不同网络中行动者的程度中心度，就把某个行动者的程度中心度除以其理论最大值，得出标准化程度中心度数值。例如，公益毛竹林项目网络中有 8 个参与者，A 企业与其他 5 个参与者有直接相连关系，则 A 企业在项目网络中的标准化程度中心度＝5/（8－1）≈0.714，如果用百分数表示就是 71.4。运用 UCINET 软件，计算每个项目网络中各参与者的标准化程度中心度，把程度中心度明显较大的节点确定为关键节点（见表 6－1），然后对它们在网络中的位置进行比较。

在产业开发型 CSR 项目的社会网络中，案例企业的程度中心度都小于当地政府，分别为 71∶100 和 56∶67，说明在项目网络中企业能够直接联系的其他参与者数量少于当地政府，也可以说案例企业的网络地位都低于当地政府，当地政府处于项目网络的核心位置，对 CSR 项目的实施影响最大，企业只处于次核心位置。需要指出的是，在高山蔬菜基地项目中，果蔬合作社直接受到镇政府的领导和控制，与 B 企业只有间接联系，缩小了 B 企业对项目实施的影响，更强化了镇政府的核心位置，使镇政府在网络中的影响力更大。在两个慈善捐赠型 CSR 项目中，企业的程度中心度大于或至少等于主要合作伙伴。在“四个一万工程”项目中，C 企业的程度中心度很高，超过了当地慈善总会，为 100∶80，说明 C 企业在网络中能够与每个参与者直接联系，处于核心位置，影响力最大。需要说明的是，在网络慈善平台项目中，网络慈善平台作为当地慈善总会的一个分会，是在 D 企业员工的实际管理下按照慈善组织的要求合法运行，所以 D 企业的实际程度中心度水平会更高，超过了市慈善总会，也处于核心位置。基于上述分析，提出下列命题：

命题 4 CSR 项目类型通过影响主要合作伙伴的选择，进而影响到 CSR 项目实施网络中企业的网络地位高低。

命题4a　在产业开发型CSR项目中，企业选择当地政府作为主要合作伙伴，当地政府在网络中的地位更高，属于中心人物。

命题4b　在慈善捐赠型CSR项目中，企业选择非营利组织作为主要合作伙伴，项目实施企业在网络中的地位更高，属于中心人物。

6.3　CSR项目实施中的结构洞指数

结构洞的计算比较复杂，存在两类计算指标：第一类是Burt（1992）给出的结构洞指数；第二类是Freeman（1979）给出的中间中心度（betweenness centrality）指数。第二类指标相对简单易懂，它“测量的是行动者对资源控制的程度，如果一个点处于许多其他点对的捷径（最短的途径）上，我们就说该点具有较高的中间中心度”（刘军，2009）。本研究采用中间中心度指数来分析关键节点的结构洞指数，其计算公式为：

$$Betweeness_i = [2\sum_{j<k} g_{jk}(n_i)/g_{jk}] / [(g-1)(g-2)] \tag{6.3}$$

如果一个网络中有g个行动者，公式中g_{jk}是行动者j达到行动者k的捷径数，g_{jk}（n_i）是行动者j达到行动者k的快捷方式上有行动者i的快捷方式数，g_{jk}（n_i）与g_{jk}比值的总和是行动者i的中间程度；（g－1）（g－2）/2是每个行动者中间程度的最大值，起到标准化的作用，便于不同网络之间行动者中间中心度的比较。

以图6－1中的（c）为例，计算编号为1的C集团的中间中心度。2号到3号没有捷径通过1号，比值为0；2号到4号有3条捷径，其中1条捷径通过1号，比值为1/3；以此类推，2号到5号，比值为0；2号到6号，比值为0，所以，从2号出发到达其他节点（编号比2大）的捷径中，经过1号的比例＝0＋1/3＋0＋0＝1/3。同理，从3号出发到达其他节点（编号比3大）的捷径中，经过1号的比例为5/6；从4号出发到达其他节点（编号比3大）的捷径中，经过1号的比例为1；从5号出发到达其他节点（编号比3大）的捷径中，经过1号的比例为1/2，所以C集团的中间程度值＝1/3＋5/6＋1＋1/2＝8/3，其理论最大值＝（6－1）（6－2）/2＝10，C集团的标准化中间中心度值＝8/3/10≈0.266 67。每个项目网络中各参与者的标准化中间中心度都可以通过UCINET软件计算出来，表6－1列出了每个关键节点的中间中心度数值，然后对它们在网络中的位置进行比较。

在产业开发型 CSR 项目的社会网络中，当地政府的结构洞指数（用中间中心度表示）明显较大，分别为 61.111 和 48.148，并且都高于案例企业，说明他们更能控制网络中信息和资源的流动，网络地位高于案例企业。需要说明的是，在高山蔬菜基地项目中，果蔬合作社直接受到镇政府的领导和控制，尽管 B 企业与镇政府的中间中心度相差无几，但考虑到这个因素，镇政府的结构洞指数可能会更大，对信息、资源流动的控制能力更强。从图 6 - 1 中的（a）和（b）分图可以明显看出，在公益毛竹林项目中，当地村委处于 2 个结构洞的位置，控制了 A 企业与部分村民、上级相关管理部门之间的信息沟通与资源流动；在高山蔬菜基地项目中，当地镇政府处于 B 集团与当地农户之间的结构洞位置，并处于 B 集团与果蔬合作社之间的最短路径上，部分阻断了 B 集团与果蔬合作社的联系，同时 B 集团也处于果蔬专业合作社、镇政府与市交警支队、B 下属企业的连接桥位置，分别控制了相关信息和资源的流动，影响了项目实施的敏捷性。在两个慈善捐赠型 CSR 项目中，案例企业和当地慈善总会的中间中心度指数都不高，企业的中间中心度稍微大于或至少等于当地慈善总会，说明他们对网络中信息和资源流动的控制程度较小，企业处于有利位置，有助于推动 CSR 项目的实施。在网络慈善平台项目中，网络慈善平台的结构洞指数较高，说明大量的信息和资源汇集在网络平台，更有利于项目的实施；如果考虑到 D 企业对网络慈善平台的控制和市慈善总会的指导、监督，其实际结构洞指数会大幅降低，整个网络的连接密度也会提高。基于上述比较分析，提出下列命题：

命题 5　CSR 项目类型通过影响主要合作伙伴的选择，进而影响到 CSR 项目实施网络中关键节点的结构洞指数高低。

命题 5a　在产业开发型 CSR 项目中，企业选择当地政府作为主要合作伙伴，网络中关键节点充当了较多连接桥的角色，结构洞指数更高。

命题 5b　在慈善捐赠型 CSR 项目中，企业选择非营利组织作为主要合作伙伴，网络中关键节点充当了较少连接桥的角色，结构洞指数更低。

6.4　本章小结

本章对每个 CSR 项目网络的结构维度进行了分析，包括网络密度、企业在网络中的位置、结构洞指数，并提出了相应的研究命题。

（1）对每个项目的网络密度比较分析发现，产业开发型 CSR 项目网络不仅比慈善捐赠型 CSR 项目网络参与者数量多、主体类型多，而且网络密度更低，使参与者之间在形成统一的认识和行动方面难度更高。

（2）通过分析网络节点的程度中心度揭示企业在 CSR 项目网络中的位置，本研究发现，在产业开发型 CSR 项目网络中，企业的主要合作伙伴——当地政府的程度中心度最大，处于网络的中心位置，企业处于次中心位置；相反，在慈善捐赠型 CSR 项目网络中，企业的程度中心度最大，处于网络的中心位置，企业的主要合作伙伴——当地慈善总会处于次中心位置。

（3）通过分析每个项目网络中的连接情况发现，在两个产业开发型 CSR 项目网络中存在明显的结构洞位置，并且被当地政府占有，在高山蔬菜基地项目网络中，B 企业也占有结构洞位置。通过计算每个网络中关键节点的中间中心度指数（代表结构洞指数），发现产业开发型 CSR 项目网络中存在着中间中心度指数明显较高的节点，不利于项目实施中信息和资源的顺畅流动，并且当地政府的中间中心度大于案例企业，容易阻碍企业推动项目实施；相反，慈善捐赠型 CSR 项目网络中关键节点的中间中心度指数明显较低，案例企业的中间中心度稍微大于当地慈善总会，有益于企业推动实施 CSR 项目。

第7章 伙伴关系、结构嵌入对CSR项目绩效的影响

本章在第5章伙伴关系和第6章结构嵌入的基础上，探讨伙伴关系、结构嵌入与CSR项目绩效之间可能存在的影响关系。首先展示每个CSR项目的综合绩效，包括指标选取和绩效测量两个部分；其次探讨伙伴关系相关因素可能对CSR项目绩效的直接影响关系；再次分析结构嵌入相关变量与CSR项目绩效之间可能存在的影响关系；最后探讨伙伴关系中的部分因素通过结构嵌入变量对CSR项目绩效的影响。

7.1 CSR项目绩效

7.1.1 指标选取

根据清华大学NGO研究中心提出的微观“综合绩效评估”框架，公益项目绩效评估可以采用适当性、效率、效果、满意度、社会影响和持续性等指标。考虑到资料的可获得性和CSR项目之间的可比性，以及与项目实施过程多方合作行为的关联性，本研究拟选择效率、效果、持续性评估CSR项目的绩效。但是，由于慈善捐赠型CSR项目只体现为社会价值，难以计算其创造的经济价值，所以采用“三E”理论中的经济性（成本）指标代替效率指标，最终确定CSR项目绩效评估指标为经济性（成本）、效果和持续性。经济性是指以最低可能的成本实施项目，效果是指项目目标实现的程度，持续性是指项目的积极结果的持久性。

7.1.2 绩效测量

（1）经济性（成本）。公益毛竹林项目中，A企业在2010年的毛竹林培育期内共投资150万元资金，比原计划投资多50万元，项目实施的前期存在一些失误和浪费，后期进展比较顺利，目前委派1名主管兼职负责协调工作，2名工

人专职负责毛竹林的日常看护，年支出约 10 万元。

我有 2 个管理人员，1 个负责安排什么时候除草、放肥料、砍伐这些事情。还有 1 个专门负责山的，防止隔壁几个没有毛竹的农村人家来偷毛竹。还有上半年出毛笋的时候，他们要偷笋。2 个管理员工资不高，每年一共付万把块钱。其他的劈山、除草、施肥等，每年管理这一块总共加起来，10 万元左右（A 企业项目负责人）。

高山蔬菜基地项目中，B 企业扶持的项目在 2011 年各方共投入 110 万元，B 企业委派 1 名干部兼职负责协调工作，1 名工作人员在当地挂职锻炼，镇政府任命 1 名农技人员担任专业合作社负责人，期间要进行市场考察、参观学习、技术培训，支出约 15 万元。

每年都请杭州农科院、省农科院技术专家来培训，县农作站每年也培训，有不懂的都请他们一起讲授，培训是免费的，组织老百姓听课要发工资的，政府发工资、发补助，半天、一天 20 快钱，让他们听、种，教他学技术还要发钱给他，不然不过来（Z 镇果蔬合作社负责人）。

“四个一万工程”项目中，C 企业在 2008 ~ 2011 年每年平均资助 2 120 万元，安排专职工作人员 3 名，每年工资及差旅费、业务费等费用约 31 万元。

“四个一万工程”：3 140 万元；C 各学校资助金：115 万元；结对乡镇：35 万元；其他费用（临时资助等）：10 万元；业务费：2 万元；差旅费：10 万元；邮电费：1 万元（选自 C 企业 2011 年慈善经费预算）。

网络慈善平台项目中，D 企业网络慈善平台运行 5 年来，募捐、资助金额达到 2 300 多万元，每年需资助运行成本和人员工资、业务费用约 40 万元。

员工工资、房租、水电、计算机损耗，社保加起来约 40 万元，一线员工平均收入 3 万元，在金华的收入不高，我们这里已经算高了，外面更多的是 1 000 多元一个月（网络慈善平台项目负责人）。

（2）效果。公益毛竹林项目在 2011 年就可以产生利润，乐观估计可达 50 万元，按照协议老年人协会可以分配到 30 万元。目前 × × 村共有老年人约 500 位，每人可分到 600 元。下面是 × × 村老年协会会长和村支书在接受访谈时提供的信息。

我昨天还跟 × × 董分析这个事情，我们现在有 700 亩的面积有产值。现在我们这个开发，不好的砍掉，好的再养着，每年收入基本有20万~30万元。好的话有50万元收入（A企业项目中当地村老年协会会长，2011年4月19日访谈）。

到去年的时候，毛竹收入大概有10多万元，与工人工资相抵，基本持平，今年可以稍微盈利。去年年底我到××董那的时候，他跟我探讨了下毛竹林怎么管理。他说再过3年这边老人的钱我不用拿了。你们自己靠山吃山，把这边毛竹卖掉也有10多万元。他每年给我们老年人14万元钱，两三年，熬出头了，现在收入支出持平了，以后成林就不得了啦（A企业项目中××村2011年村支书，2011年4月19日访谈）。

高山蔬菜基地项目在2011年度亏损，主要原因是蔬菜价格偏低，市场销售不畅，但农户种植蔬菜受协议价保护，收入增加有保障。蔬菜基地项目总投资110万元，其中，B企业资助50万元，上级政府部门资助、补贴46.5万元，另外13.5万元由Z镇政府以人力和现金投资，由此判断，果蔬合作社亏损主要是市场和经营原因造成。下面是果蔬合作社负责人在接受访谈时提供的信息。

原来的老板（蔬菜经销商）装了一部分蔬菜去，送帮扶单位很少一部分，大部分在市场上去卖的。市场上价格太低，今年也浪费了不少，上市的时间迟了一点，赶上价格滑坡很低，我们给老板贴运费叫他装，后来贴运费都不来装。现在青菜、萝卜好几万斤放在这里，也是销不掉，很多还放在土地里没办法，装也是亏本，运费都不够。上半年价格好的时候，都运到市场上去了，今年天气太好了，可能蔬菜太多了（Z镇果蔬合作社负责人，2011年底）。

今年是没有盈利的，这个投资又大，今年亏掉了，总的算了，今年基础设施投入110多万元，除了上面的扶持资金以外，大概亏了20万~30万元，农户一般是不亏的。他的菜我们按照合同保护价，他们在合作社里投入，工作一天有60元钱，他们是不亏的。亏是亏合作社，实际亏政府的，种菜的应该是增收的。一个是保护价给他，给合作社做事又给工钱的。种菜、收菜、施肥都要付工钱的（Z镇果蔬合作社负责人，2011年底）。

C集团自2008年提前实施“四个一万工程”以来，在全国的资助点数量、累计资助人数和年资助金额不断提高，受到了多地政府部门的表扬，并获得了中华慈善奖，表7-1是C企业提供的相关数据。

表7-1　　“四个一万工程”2009~2011年资助情况

年份	资助点（个）	累计资助人数（名）	年资助金额（万元）
2009	123	11 661	1 940.52
2010	152	17 300	2 657.25
2011	188	19 234	3 209.70

据网络慈善平台上公布的信息，截至2012年8月6日，平台共实现捐助2 358.107 0万元，6 765个家庭得到帮助。表7-2是平台上公布的具体时间点的累计捐助金额，自2010年下半年以来，网络慈善平台捐助金额快速提高。

表7-2　　网络慈善平台累计捐助金额

日期	累计金额（万元）	日期	累计金额（万元）
2008-12-30	60	2010-12-27	380
2009-12-31	150	2011-12-31	1 300
2010-07-15	200	2012-06-30	2 150

（3）持续性。公益毛竹林项目的持续性较好，因为毛竹属于可再生植物，在合理的管理、养护下，可以产生稳定的受益。高山蔬菜基地项目的持续性取决于农产品市场需求和基地管理情况，其收益受农产品价格波动的影响较大，也受制于是否具备专业的合作社管理和市场拓展人才，目前来看还比较缺乏。“四个一万工程”项目的持续性取决于C企业的捐赠意愿和盈利能力，该企业被称为“中国民营企业的常青树”，2011年利税达到70亿元，并提出了宏大的慈善工作目标，目前来看，项目的可持续性很强。网络慈善平台项目已经进入快速发展通道，随着我国慈善环境的改善，只要平台项目合法、合规运行，就具有很强的持续性。表7-3和表7-4是对四个项目的实施效果和持续性相关信息的汇集与补充。

表7-3　　案例企业CSR项目实施效果

项目名称	项目目标实现程度
A企业公益毛竹林项目	2011年开始，出现净利润剩余，预计以后每年净利润50万元，其中30万元用于为村里500位老人提供人均600元生活补助
B企业高山蔬菜基地项目	2011年该基地蔬菜总产139吨，总产值达71.2万元，每亩均产值3 230元，比种粮每亩增产1 600元，受益人口679人；农民可从合作社获得劳务收入约25万元；专业合作社亏损近30万元
C企业“四个一万工程”项目	2011年度，企业资助金额达到3 209.7万元，资助范围达到全国20个省188个县，受助人数达到19 234人

续表

项目名称	项目目标实现程度
D 企业网络慈善平台项目	经过 5 年多的运行，拥有一支稳定的运营团队，社会影响力快速增加，年募捐、资助金额从前两年 60 万元，发展到 2011 年近 1 000 万元

表 7－4　　　　案例企业 CSR 项目的可持续性

项目名称	持续性
A 企业公益毛竹林项目	毛竹属于再生性植物，其成林后只需要进行正常的管理和合理砍伐，每年可以产生稳定的收益，按照投资协议规定，扣除管理成本后的净利润 60% 捐赠给老年协会，20% 给村委，剩余 20% 由企业支持村公益事业
B 企业高山蔬菜基地项目	需要尽快使合作社扭亏为盈，才能实现项目的持续运行；急需提高合作社的市场管理能力和种植技术，提高当地绿色无公害高山蔬菜的知名度和蔬菜生产基地的效益
C 企业“四个一万工程”项目	企业计划每年增加资助款 1 000 万元，到 2019 年实现当年资助 1 亿元；企业基金会筹备处运行稳定，工作制度健全，工作经验丰富，与慈善总会合作比较顺利，多次获得中华慈善奖
D 企业网络慈善平台项目	网络平台受到大众的认可和关注，募集金额快速增长，预计 2012 年将达到 1 900 多万元；网络平台本身也逐渐得到公众的资助，逐步实现自身的持续运行；在金华市民政部门和慈善总会的指导下，社会影响力快速增长

把每个项目的绩效测量结果进行汇总，请 1 名教授、2 名博士生对 CSR 项目进行综合绩效评估，采用了“高、中高、中、中低、低”五档分类法（Creswell, 2003），并遵循“分别打分—比较差异—协商统一”的步骤确定最终结果，如表 7－5 所示。公益毛竹林项目能够产生持续、稳定的收益，项目实施后期成本控制较好，前期有一定浪费，不足之处是项目效果不够完美，与原定的项目目标有一定差距，实际投资额比原定投资增加较多，综合绩效为中。高山蔬菜基地项目为当地农民提供了工作机会，能够帮助农户增收，但合作社尚未产生盈利，效益波动较大，持续性、稳定性受到考验，项目实施成本有待于进一步控制，综合绩效为中低。“四个一万工程”项目效果明显、受到公认，资助人数、金额稳定增长，项目实施、管理费用较低，综合绩效为高。网络慈善平台项目效果逐渐变好，发展势头良好，可持续性逐步增强，项目实施成本控制较好，综合绩效中高。

最后，把伙伴关系相关因素的表现和结构嵌入相关变量也并入表 7－5，以进行比较和归纳，探索伙伴关系、结构嵌入可能对 CSR 项目绩效的影响作用。以下几节就是分别讨论 CSR 项目实施中伙伴关系与绩效、结构嵌入与绩效，以及伙伴关系通过结构嵌入的中介作用与绩效之间的可能关系，并提出一些研究命题。

表 7 – 5　　伙伴关系、结构嵌入与 CSR 项目绩效

		产业开发型 CSR 项目		慈善捐赠型 CSR 项目	
		公益毛竹林	高山蔬菜基地	四个一万工程	网络慈善平台
伙伴关系	主要合作伙伴	当地村委	当地镇政府	各资助点慈善总会	当地市慈善总会
	其他参与方	其他相关政府部门，受助对象，慈善组织	其他相关政府部门，受助对象	相关政府部门，受助对象	相关政府部门，受助对象
	目标一致性	中	中低	高	中高
	双方资源投入	A 企业 70%，村委 30%	B 企业 40%，镇政府 60%	C 企业 80%，慈善总会 20%	D 企业 90%，慈善总会 10%
	主要决策权	A 企业	镇政府	C 企业	D 企业
	信任度	中低	中低	中高	中高
结构嵌入	网络密度	0.464	0.311	0.667	0.533
	企业地位	较大	较大	最大	最大
	关键节点结构洞指数	较高	较高	较低	较低
项目绩效		中	中低	高	中高

7.2　伙伴关系与 CSR 项目绩效

通过分析每个 CSR 项目的伙伴关系因素和绩效发现，企业与合作伙伴间的目标一致性、信任度与项目绩效有高度相关性，且企业在项目实施过程中的决策影响力与项目绩效有较强的相关性。目标越一致，相互间越信任，矛盾和怀疑就越少，合作伙伴就越愿意投入资源，项目实施的成本就越低，目标实现的程度越大。企业在项目实施过程中的决策影响力越大，越有可能推动项目按计划和目标实施，项目目标的实现可能性和持续性也就越大。Walters & Anagnostopoulos（2012）的研究支持了上述发现，即合作伙伴在实施过程中会对项目绩效和伙伴关系进行阶段性评估，并视评估结果决定下一阶段的资源投入。下述项目管理人员的描述也可以证明本节的发现。

主要是镇政府对这个项目不重视，可能不是他们想做的，今年还没有给我们报项目的打算和进展情况，我都不想给他们打款了，但到了 4 月份，怕影响不好，还是打了 20 万元过去（B 企业项目管理人员，2012 年 7 月访谈）。

第二年，种了 1 万多颗竹苗，成活率 90% 以上，我想了个办法，把种竹苗承包给村里的村长，他这个人好，是我选准的，我是看准的……可是 4 年后才 48 岁就去世了，胃癌。如果他还活着的话，可能这个竹山还要搞得更好

(A企业项目负责人)。

当地慈总把人选出来之后，我们有问题的要问下，一般没问题的就算了，就是我们太不相信他们也不行，我们解释了再解释，这是我们的条例规定的，希望你们不要介意，也不是对你们的不信任，我们工作规定要这么做的，还要说明一下，我们领导有这方面的要求，不然人家以为我们不相信他们（C企业项目管理人员）。

由上述论述，提出如下命题：

命题6 CSR项目实施中，主要合作伙伴之间的目标一致性程度越高，项目的绩效也会更高。

命题7 CSR项目实施中，主要合作伙伴之间的信任程度越高，项目的绩效也会更高。

命题8 在企业推动的CSR项目实施中，企业在项目中的决策影响力越大，项目的绩效也会更高。

7.3 结构嵌入与CSR项目绩效

通过分析每个案例企业的结构嵌入特征及其相应的CSR项目绩效发现，网络密度、企业在网络中的地位、主要合作方的结构洞指数都与项目绩效存在较强的相关性。当合作伙伴之间的连接（直接联系）占所有可能连接的比例越高，信息沟通越有效率，更容易形成共同的行为模式，增加信任和资源的共享以及有效流动，从而促进项目的成功（Hansen et al.，2001）。当企业在关系网络中处于中心地位时，它通过配置资源和信息来推动项目实施的效果会更好（钱锡红等，2010）。而当企业与较多的合作伙伴间处于间接关系时，会带来信息与资源的不畅和高成本，影响企业的积极性和项目目标的实现，并进一步影响项目的持续性。基于上述讨论及表7-5的分析，提出如下命题：

命题9 CSR项目实施中，企业所嵌入的网络密度越高，项目的绩效也会更高。

命题10 CSR项目实施中，企业在网络嵌入中的地位越高，项目的绩效也会更高。

命题11 CSR项目实施中，企业与主要合作伙伴在网络嵌入中的结构洞指数越高，网络中的信息、资源流动越不畅通，项目的绩效会更低。

7.4　伙伴关系、结构嵌入与CSR项目绩效

在中国情境下，因项目类型不同，企业CSR项目的实施分别涉及政府和非营利组织（本研究案例中为慈善组织）两类主要合作伙伴。产业开发型CSR项目通常需要政府在政策、资源和行政参与等方面有较多投入。因此，在企业实施这类项目时，政府作为主要伙伴通常占据项目关系网络中的重要位置，并实质造成企业与其他合作伙伴的间接关系，从而使企业在关系网络中的地位降低，也使政府或其他参与者具有比企业更高的结构洞指数。这种状况会增加企业在CSR项目实施过程中面临的困难，造成信息和资源流动的低效，从而降低项目的绩效。慈善捐赠型CSR项目只需要非营利组织帮助实施，并不影响企业在项目关系网络中的中心地位，企业与受益人的关系更直接。企业能更好地推进项目按企业的计划和目的实施。因此非营利组织是主要合作伙伴时，CSR项目绩效更高。

相对慈善捐赠项目而言，由于涉及的参与方多和网络规模大，产业开发型CSR项目关系网络中的间接关系更多，信息与资源流动环节更多，造成项目的成本更高，且更可能出现一些阻碍项目持续性的因素，因此，其项目绩效可能更低。基于上述讨论及表6-5的分析，提出如下命题：

命题12　CSR项目实施中，企业所选择的主要合作伙伴类型不同，会影响到企业在项目网络中的地位，进而影响到CSR项目绩效。

命题13　CSR项目实施中，企业所选择的主要合作伙伴类型不同，会影响到项目网络关键节点的结构洞指数，进而影响到CSR项目绩效。

命题14　CSR项目实施中，企业所嵌入网络的参与方主体类型越多、网络规模越大，项目网络的密度越低，CSR项目绩效也越低。

7.5　本章小结

本章对每个CSR项目的综合绩效进行了测量，并分析了伙伴关系、结构嵌入相关变量可能对项目绩效的影响作用，提出了一些研究命题，具体研究结果如下。

（1）企业与主要合作伙伴之间的目标一致性、信任程度对CSR项目绩效具

有较强的影响关系；案例企业在 CSR 项目实施中的决策影响力对项目绩效也有较大的影响作用。

（2）在企业推动的 CSR 项目中，企业所嵌入的项目实施网络密度越大，项目的绩效就越高；案例企业在 CSR 项目网络中是否处于中心位置对项目绩效也有很大的影响作用；项目实施网络中的关键节点，尤其是主要合作伙伴，其结构洞指数越高，CSR 项目的绩效可能越低。

（3）在中国情境下的 CSR 项目中，企业可能会选择当地政府或非营利组织作为主要合作伙伴。当企业选择与当地政府合作，实施产业开发型 CSR 项目时，可能使企业在项目网络中的地位降低，也使政府等合作伙伴具有比企业更高的结构洞指数，使 CSR 项目的绩效更低。当企业与非营利组织合作实施慈善捐赠型 CSR 项目时，企业可能在项目网络中的地位更高，主要合作伙伴的结构洞指数更低，CSR 项目的绩效会更高。另外，产业开发型 CSR 项目涉及的参与方更多、参与主体类型更多，使项目网络规模更大，网络成员之间建立直接联系的可能性较小，导致网络密度更低，可能使项目绩效比慈善捐赠型项目更低。

第 8 章　结论与讨论

本章将对上述研究结果进行总结。首先归纳上述研究的结论，然后明确上述研究的理论贡献，接着提出上述研究对企业的实践意义，最后指出上述研究的局限性及未来研究方向。

8.1　研究结论

本研究以企业通过 CSR 项目参与扶贫为前提，以四个实施 CSR 项目的企业为研究对象，运用多案例研究方法，探讨了社会合作伙伴关系、社会网络结构嵌入对 CSR 项目实施绩效的影响机制。首先，通过多案例分析，我们区分了两种类型的 CSR 扶贫项目：产业开发型 CSR 项目和慈善捐赠型 CSR 项目。其次，本研究发现，企业实施的 CSR 项目类型不同，对资源和支持条件的需求也不同，进而形成不同的伙伴关系和结构嵌入，最终影响到 CSR 项目的实施绩效，如图 8－1 所示。

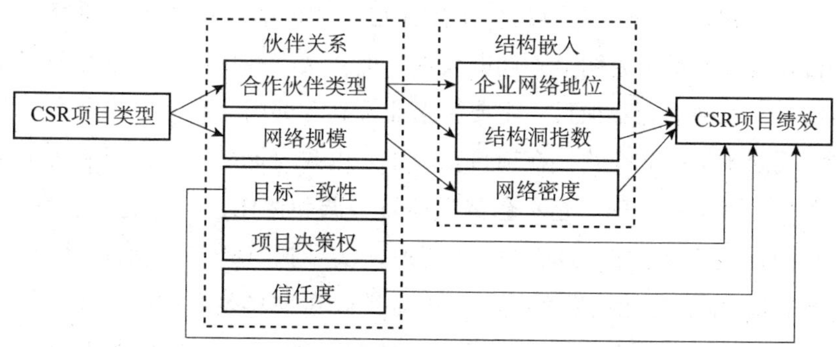

图 8－1　伙伴关系、结构嵌入对 CSR 项目实施的影响机制

具体来说，包括以下几种影响关系。第一，企业与主要合作伙伴之间的关系特征会影响到 CSR 项目绩效。在由企业推动实施的 CSR 项目中，企业与主要合作伙伴之间的目标一致性程度和信任度越高，项目实施的成功可能性越有保障，意味着项目的绩效越高。同时，企业投入了大量的资源，在项目实施中决策影响力越大，出于对企业负责的考虑，极力促使项目成功，也意味着项目绩效越高。第二，企业在 CSR 项目网络中的位置和网络结构会影响到项目绩效。一方面，作为 CSR 扶贫项目，需要多方投入资源，众川赴海，才能促进 CSR 项目的顺利实施，所以网络密度越高，意味着项目各参与方之间的联系越直接，信息、资源的流动越顺畅，更容易产生一致的集体行动，从而使项目绩效更高；另一方面，企业作为项目的推动实施方，在网络中处于中心地位，与各参与方都能直接联系，有利于整合网络内的信息和资源，实现更高的项目绩效。同时，作为关键节点的其他参与者，处于"桥"的位置越少，其结构洞指数越低，越有利于网络成员间的信息沟通和资源流动，提高项目实施效率，从而使项目绩效越高。第三，企业实施 CSR 项目的类型会通过影响伙伴关系的部分特征，并经由结构嵌入特征，对项目绩效产生影响。企业实施的 CSR 项目内容不同，对资源的类型和数量需求也不同。为了获取必要的资源，企业会选择拥有重要异质性资源的组织或个人作为主要合作伙伴，并寻求得到尽可能多的其他参与方的支持，以实现资源与能力的整合，顺利实施 CSR 项目。政府、非营利组织拥有不同的资源和影响力，获得的社会信任程度、参与 CSR 项目的动机也不同，导致在项目网络中的位置不同，从而影响到项目的绩效。另外，网络规模越大，网络成员就越多，相互之间建立直接联系的可能性较小，导致网络密度降低，信息和资源的流动效率降低，也会影响 CSR 项目的绩效。

需要说明的是，伙伴关系的一些特征，如目标一致性、项目决策权和信任度，不一定受到 CSR 项目类型和合作伙伴选择的影响。尽管在本研究中，两类 CSR 项目在这些变量上有明显不同的表现，但在文献和现实中，也有截然相反的案例。例如，我国的光彩项目，主要由企业等私营部门与政府、光彩会等公共部门合作，共同实施产业扶贫。在项目实施中，由政府提供税收优惠和投资基础设施，企业投入资本和管理，光彩会负责项目协调和运作，三方建立管理委员会，协调项目的进展，从而保障项目顺利完成，实现扶贫效果（郭沛源和于永达，2006）。另外，本研究的结果表明产业开发型 CSR 项目绩效更低，这只是就单个项目绩效而言的。实际上，产业开发类"造血"型 CSR 项目比慈善捐赠类"输血"型 CSR 项目更有意义，需要更多企业去实践。因而研究结果只是表明产业开发型 CSR 项目更具挑战性，更需要企业的管理智慧。

8.2 理论贡献

本研究运用社会合作伙伴关系和社会网络嵌入理论，对企业社会责任研究做了一定的补充和扩展。

第一，本研究将企业社会责任实施纳入研究对象，探讨了CSR扶贫项目实施的特征，把CSR扶贫项目划分为产业开发型CSR项目和慈善捐赠型CSR项目，并对两种项目的实施进行了比较分析，弥补了现有CSR研究框架中从CSR战略到CSR结果（Bhattacharya et al.，2004；费显政等，2010）之间的研究不足。

第二，本研究把社会网络研究的视角引入企业社会责任实施过程的研究。引入社会网络理论中社会嵌入性（Granovetter，1985）的分析框架，从结构嵌入维度深入分析社会嵌入性对企业实施CSR扶贫项目的具体影响，是研究视角的创新。

第三，本研究对社会网络理论和社会嵌入研究的贡献在于对结构嵌入理论进行了补充或拓展。在结构嵌入理论中，关于网络结构对于企业行为的意义方面，存在着不同的观点。例如，Burt（1992）的结构洞理论认为，松散的网络有利于嵌入其中的企业获得非冗余信息，且处于结构洞的行为主体能获得基于位置的竞争优势；但Coleman（1984）的社会资本理论认为，紧密网络能促进成员间的信任与合作，从而利于企业社会资本的形成。笔者认为，在CSR扶贫项目实施领域，这两种观点并不互相矛盾，不同的网络结构对于特定类型的CSR项目实施都是有价值的，如产业开发型CSR项目，牵涉到与产业相关的多个方面的参与者，需要企业建立规模较大、相对松散的网络结构，以获取异质性资源；而对于慈善捐赠型CSR项目，除受助人外，涉及的参与方较少，需要企业建立规模小、相对紧密的网络结构，有助于提高项目的实施效率。但是，不管何种类型的网络结构，只有企业在网络中处于主导地位，对项目实施具有足够的影响力和控制力，才能保证项目的顺利实施和良好绩效。

第四，本研究对社会合作伙伴关系研究的贡献在于对CSR实施中的伙伴关系理论进行了拓展，探讨了中国情境下CSR项目实施中的伙伴关系特征，并分析了伙伴关系中目标一致性（Seitanidi & Crane，2009）、决策权、信任（Walters & Anagnostopoulos，2012）等因素对项目绩效的影响，并把伙伴关系（Waddock，1988；Selsky & Parker，2005）理论与结构嵌入（Granovetter，1985）相结合，探讨了合作伙伴属性（Jamali & Keshishian，2009）、合作伙伴规模等因素对结构嵌入性特征的影响，进而影响到 CSR 项目的绩效，指出了项目网络中的企业地位（Wasserman & Faust，1994）、结构洞（Burt，1992）、网络密度（Hansen et al.，2001）等因素在伙伴关系与项目绩效之间的中介作用。

8.3 实践意义

本研究对于我国企业实施 CSR 项目具有实践上的指导意义。

（1）如何选择 CSR 项目？本研究的结论启示是企业要根据自身的资源、能力状况决定选择“输血”型慈善捐赠还是“造血”型产业开发项目。即使是利他性的公益项目，如果资源不足，也可能难以实现既定的项目目标。这里的资源不仅包括钱财，还包括与政府、非营利组织、其他营利组织之间能否建立合作关系，以及企业的知识、信息、经验与信誉。更重要的是，企业还要具备管理关系网络、整合不同资源的能力。

（2）如何选择合作伙伴、管理合作关系？本研究的启示有如下三点。

第一，根据所实施的 CSR 项目类型，选择不同性质的主要合作伙伴。在产业开发型 CSR 项目中，需要与当地政府部门建立紧密联系，以获得他们的支持、信任，从而获得合法性；在慈善捐赠型 CSR 项目中，企业需要与慈善组织等非营利组织建立紧密的合作关系，这不仅可以提高项目的合法性，间接获得政府部门的支持，而且可以快速获得受助人的准确信息，以节省企业成本和提高项目运行的效率。

第二，根据 CSR 项目的特征设计项目实施的关系网络。企业需要评估项目实施涉及的关系网络的规模和关系结构，特别是企业自身与各合作伙伴行为主体的关系性质（直接与间接性、目标一致性）和关系强度（影响力与权威性）。当项目需要更多的异质性信息和资源，涉及多类别合作伙伴的大规模网络时，如产业开发型 CSR 项目，企业需要与项目实施相关的受益人和其他部门、组织建立广泛合作关系，促进项目的成功实施；当项目实施涉及的内容相对简单，需要的信息和资源比较单一时，企业只需要与拥有该信息的相关组织建立合作关系，构建一个紧密型的小规模网络，并与受助人建立联系，以查验项目的实施结果。

第三，在项目实施管理过程中，要通过积极沟通改进关系网络的性质（变间接关系为直接关系）和增加企业的权威性与影响力，从而更好地就项目目标达成一致，建立双方互信，形成合理的项目实施决策机制。尤其对于产业开发性 CSR 项目，统一目标、建立信任是取得良好项目绩效的重要前提。

（3）如何提升 CSR 项目实施效果？本研究的结果启示是，企业在实施 CSR 项目的过程中，一方面要尽量构建高密度的项目实施网络，避免其他参与者结构洞位置的出现，以促进信息和资源在网络中的顺畅流动，保障各参与方之间的紧密合作，从而提高项目实施的经济性（高效率与低成本）；另一方面要保持自身在社会网络中的中心地位，保证企业对项目实施的把控能力和主导地位，从而提高项目实施的效果，保障受益人获益。此外，通过提高与主要合作伙伴之间的信任程度和目标一致性程度，从而提高项目实施的持续性，特别是产业开发项目。

8.4　研究局限及展望

本研究的多案例研究虽然对企业社会责任实施方面的研究具有一定的贡献，但由于案例研究方法本身的局限性，尽管我们在研究过程中力争做到规范性，但还有可能存在一定的不足之处，例如，研究中难免会受到研究人员的主观想法影响，可能导致忽视一些重要信息、资料收集具有片面性，以致对结论的可靠性造成影响，这主要是由案例研究方法本身造成的。

以后的研究可以考虑从两个方向展开：第一，进一步理论抽样，比较公益性 CSR 项目与战略性 CSR 项目实施的差异；第二，产业开发型 CSR 项目的绩效如何提高，需要企业和相关组织采取哪些创新措施，以保障企业“更好地做好事”，促进社会和谐。

第二编　基层慈善组织创新扶贫项目实施案例研究

第9章 引 言

9.1 选题背景

我国当代 NGO 的大量出现是改革开放的结果，很多 NGO 从成立之初就投入到扶贫工作中，但直到21 世纪初，国内学者才开始关注 NGO 扶贫问题，例如，NGO 在扶贫中的作用（王名，2001；曲天军，2002）、我国 NGO 扶贫的现状和发展取向（郑功成，2002；匡远配，2010）。后续的研究主要分为对国内 NGO 扶贫和对国际 NGO 扶贫的研究两个方面，国内 NGO 扶贫方面主要包括：中国官办 NGO 扶贫在扶贫动机、扶贫在机构中的地位、主要资源来源以及组织方式四个方面的分化现象（李诗扬，2003），政府在扶贫领域与 NGO 合作的模式、内容与机制（武继兵和邓国胜，2006），中印 NGO 在扶贫开发中的作用比较（李涛，2007），国内 NGO（以宁夏扶贫与环境改造中心为例）扶贫的筹资机制、决策机制、能力提升机制、服务机制（黄春蕾和呼延钦，2009），NGO（以四川农村发展组织为例）参与式扶贫的绩效评价（张海霞和庄天慧，2010）。对国际 NGO 在华扶贫活动的关注相对比较具体，例如，国际 NGO 在中国扶贫中培育贫困村基层组织的经验与教训（黄承伟和蔡葵，2004），世界宣明会在云南永胜县的十年扶贫历程（韩俊魁，2006）、国际救援 NGO 在宁夏泾源实施扶贫项目中的管理问题及其影响（杜旻，2006）、国际 NGO 在云南开展的妇女发展项目（沈海梅，2007）、国际 NGO 在我国教育扶贫中的理性选择行为（陈美招和杨罗观翠，2008）、国际 NGO 在我国开展扶贫工作的“入场”和“运作”过程（郭占锋，2012）。

综观上述研究可以发现，对国内 NGO 扶贫的研究已经由宏观转向微观，开始以某个 NGO 为例，探讨其具体的扶贫机制或绩效评价问题。但是，在研究内容的具体性方面与对国际 NGO 扶贫的研究还有很大差距，这一方面与国内 NGO 扶贫运作的透明度有关；另一方面也说明学术界对国内 NGO 扶贫行为的关注度不够，难以对国内 NGO 参与扶贫开发活动提供理论指导。尤其是项目层面的国内 NGO 扶贫行为研究，亟须探索其具体行为过程，为国内 NGO 如何实施扶贫项目提供借鉴。因此，本研究拟探讨本土 NGO 扶贫项目“如何做”的问题，尤其是受到较少关注的基层慈善组织①的扶贫项目实施问题。

9.2 研究问题

《中国农村扶贫开发纲要（2011—2020 年）》指出，要“广泛动员社会各界参与扶贫开发，完善机制，拓展领域，注重实效，提高水平”。慈善组织是参与我国农村扶贫最重要的社会力量（朱俊立，2013），具有动员资源广泛、扶贫方式多样、救助具有针对性，并有助于公益慈善文化形成的优势（孔祥利和邓国胜，2013；曲天军，2002）。在我国扶贫领域的社会管理创新中承担重要的角色，发挥着独特的优势与功能（汪大海和刘金发，2012；李青青，2011）。根据笔者的实地调查，在政府倡导社会扶贫的背景下，一些县镇级基层慈善组织在扶贫领域开展了积极的探索，在实施助贫项目的同时，尝试从“输血”向“造血”的转型，帮助贫困户进入当地产业价值链，使他们通过自身的辛勤劳动实现增收、脱贫，在慈善脱贫项目方面取得了明显的业绩。

自 2014 年以来，我国政府提出了精准扶贫的战略，其内涵包括扶持对象精准、项目安排精准、资金使用精准、措施到户精准、因村派人（第一书记）精准、脱贫成效精准六个方面②。尽管精准扶贫战略主要针对我国 14 个连片特困地区，但是，其将扶贫瞄准机制精确到农户层面，对贫困农户进行精准帮扶、产生精准成效的思想也适用于其他地区。即使在经济发达地区，通过普遍性的经济发展战略使现有的贫困农户脱贫的效应也已经递减，需要针对每一个贫困户开展精准扶贫。基层慈善组织比较贴近社区和贫困群众，他们是怎样顺利实施扶贫项目的，实现精准扶贫的程度如何，需要在理论层面进行归纳、总结。本研究以经济比较发达、慈善氛围较好的杭州市为背景进行慈善扶贫项目实施的案例分析。由于杭州慈善总会系统是杭州市规模和影响最大的公益慈善组织，笔者选择杭州市两个区镇级慈善组织实施的助贫和脱贫项目进行比较分析，将回答下列问题：

---

① 我国县乡级政府被称为基层政府，本研究中的基层慈善组织是指在区、县（市）或镇（乡）级行政区域运营的慈善组织。

② 习近平论扶贫工作——十八大以来重要论述摘编［J］. 党建，2015（12）：5－7，13.

基层慈善组织实施扶贫项目的过程和关键因素是什么，实施助贫项目和脱贫项目有何差异，对从助贫项目向脱贫项目转型有何启示，并基于案例比较提出基层慈善组织实施创新型扶贫项目的理论命题，构建有关慈善扶贫项目实施的理论框架。

第 10 章　文献回顾与研究框架

根据韦氏词典的定义，实施是指把一项构思从概念转变为现实的过程（Smith，2014）①，是“旨在把一项活动或计划付诸实践的特定行动集合”（Fixsen et al.，2005），它“涉及多项决策、行动和纠正（corrections）以改变结构与条件，使组织和系统借以支持、促进新方案模式（new program models）、创新和行动”（Metz & Bartley，2012）。基于方巍、张晖、何铨（2010）的观点，评估社会福利项目的过程机制应该包括项目执行、项目影响和影响机制三部分内容，可以把项目实施的过程与机理界定为项目的实施行为、结果及其作用机理。因此，本研究所探讨的扶贫项目“如何做”包括从产生创意到实现效果的不同阶段、步骤、行动及其作用机理。

10.1　有关扶贫项目运作的文献回顾

10.1.1　国内对扶贫项目运作的研究

国内学术界对扶贫项目实施的研究主要体现在扶贫项目的运作模式及效果领域，相关研究比较丰富，但主要聚焦于扶贫项目的资金瞄准、项目执行和项目结果等方面，宏观理论探讨偏多，对扶贫项目的微观运作机制及其后果的具体呈现偏少（许汉泽和李小云，2016）。基于上述理论缺口，一些学者开始探讨扶贫项目在基层的运作情况，包括面临的困境。

许汉泽和李小云（2016）从精准扶贫视角分析了县域内竞争性扶贫项目的运作逻辑、困境与后果，他们发现，上级政府的“选择性平衡”，县级政府的目标置换，项目进村后的难以开展，使扶贫项目有悖于精准扶贫的政策要求目标，最终面临失败的风险①。他们进一步从村庄的角度考察产业扶贫项目的运作情况，

---

① Smith B. A Guide to the Implementation Process：Stages，Steps and Activities［EB/OL］．［2016－11－09］ECTA Center. Dostupno na：http：//ectacenter. org/～pdfs/implementprocess/implementprocess-stagesand-steps. pdf［17. srpanj 2015.］，2014.

结果发现，村庄之间的“精英俘获”，由于有实力的农业企业不愿意承担扶贫“连带责任”而导致的项目被“弱者吸纳”，地方社会和企业的“政策性负担”，以及产业扶贫项目的“规模化劣势”，最终导致了项目的失败，并破坏了传统的农户生计系统，也不符合精准扶贫的战略思想（许汉泽和李小云，2017）。马良灿（2014）明确指出了农村产业化扶贫项目运作的缺陷，例如，项目立项和运行受领导人意志支配、带有随意性，各利益群体之间联结松散，产业化扶贫政策及其运行脱离地方和贫困群体的实际需求等，并提出了扶贫工作由单一的行政主体运作向多方参与的社会化运作转变的建议。进一步，他把扶贫项目在基层遭遇困境的原因归纳为基层干部的总体性支配、社会力量的缺场和贫困群体主体性权利缺失三个方面，并建议优化基层扶贫项目的治理结构，走以贫困群体为中心的内生性发展道路（马良灿和哈洪颖，2017）。自 2008 年起，我国的彩票公益金也开始支持扶贫事业，但彩票公益金扶贫项目是由国务院扶贫开发领导小组办公室组织实施，扶贫资金由财政部门以专项转移支付的形式进行管理，仍然属于政府部门推动实施的扶贫项目。曾小溪、崔嵩、汪三贵（2015）的调查发现，彩票公益金扶贫项目的实施与一般项目的组织实施没有太大差别，可分为立项前—实施中—实施后三个阶段，具体包括文件发布、竞争立项、发动群众、整合资源、监督检查和后续规范管理七个环节。总体来看，上述有关扶贫项目运作的研究主要聚焦于政府扶贫项目的“分级治理”和相应的“分包”、“打包”、“抓包”机制（折晓叶和陈婴婴，2011），及其对基层扶贫项目运作的负面影响。不同于政府扶贫项目的分级运作，本研究探讨的基层慈善组织扶贫项目实施很少存在上下级之间的项目分包、抓包问题，因为县镇级慈善组织实行“一级法人、二级管理”的运行机制，它们需要分别承担从项目开发到项目效果的全程工作，与政府扶贫项目差异明显，因此，要采用新的视角透视其实施的过程行为与作用机理。

在 NGO 扶贫项目运作领域，孙飞宇、储卉娟、张闫龙（2016）描述了一个国际 NGO 在中国开展扶贫工作的行动策略，颇有启示。首先，该组织在日常运作中采用了项目制形式，“依靠形式理性的设计和程序技术的控制”，目的在于贯彻其核心理念——“改变与提高人的素质”；项目实施中高度理性化，追求扶贫行动的效益逻辑，寻找“能够扶得起来的”村庄、家庭和个人加以支持，以在有限时间内凸显工作绩效。其次，“镶嵌于”地方政府和地方社会，重视与各级（地方）政府部门的合作，项目实施采取“见缝插针式”的依附性运作原则，以实现“四两拨千斤”的效果；强调与政府部门合作的同时，寄希望于影响地方政府的工作文化、理念与风格，并以基金会理念改变扶贫基地的工作人员，具有“项目制度培育性目标”。随着我国政府外包社会工作服务的开展，一些学者开始关注社会工作服务项目由政府向非营利组织转移的过程和机制。相对于政府对社会工作服务的外包机制，非营利组织的项目运作机制就是承包机制。其承接项目的方式包括投标和竞标、承接委托项目和参加公益创投；项目运作（承接）的策略包括依据组织战略承接长期项目、自主设计符合政府意图和社会需求的项目、进行项目的分化与整合、滚动项目等；项目运作的目标和意图包括力争生存、实现使命、增强核心竞争力、提升服务专业化水平、整合内外部资源等，呈现出多重逻辑（陈为雷，2014）。对非营利组织的行动策略研究是近年来国内学者对非营利组织研究的两大主题之一（陈为雷，2013）。但是，对县镇级基层非营利组织实施项目的过程描述比较少见，更多的是聚焦于国际或者国内大型（国字头或省级）NGO 的项目运作动机、方式与策略的研究。县镇级慈善组织的项目运作更加本土化、针对性更强，但其资源、能力比较有限，项目规模较小，需要抛弃先入为主的观点，通过收集一手资料，运用专门的数据分析方法，揭示其扶贫项目实施的过程行为和作用机理。

10.1.2 国外有关扶贫项目运作的研究

在国外有关扶贫项目运作的文献中，效果（impact）评价占据的比例较高。例如，首先是扶贫项目对贫困家庭收入增长和收入结构变化的促进作用（Duan, Lang & Wen, 2015），实现对贫困群体的赋权（Khanna, Kochhar & N. Palaniswamy, 2015），对贫困群体心理的影响（Boaduo, 2010; Jalal, Frongillo & Warren, 2015），对环境的影响（Alixgarcia et al., 2010），项目的可持续性（Kaushal, Melkani & Kala, 2005; Mokgadi & Oladele, 2013），受益人对项目的满意程度（Bandara & Hwang, 2013），以及多个方面的结果（Shuai, Li & Sun, 2011）等。其次是有关扶贫项目影响因素和面临挑战的研究，例如，贫困群体的参与和对其赋权（Ugoh, Samuel & Ukpere, 2009），政府参与的作用（Yesudian, 2007），本土政治生态（political ecology）的影响（Logan & Moseley, 2002），扶贫资源的精英俘获（Panda, 2015），项目决策的民主化（Imai & Sato, 2012）等。最后是扶贫项目的实施过程方面，世界银行的研究人员涉及较早，例如，Yahie（1996）很早提出，项目实施的典型周期模式包括识别、准备、批准、执行、评估等重要阶段（Baum & Tolbert, 1985），在项目的规划、预算、监控方面具有优势，但对于小规模的草根型（grassroots type）扶贫项目显得过于刚性

(rigid)，小型的扶贫项目实施需要更高的柔性以适应本土的条件。但是，后续的研究主要聚焦于对项目运作及其效果的评估理论与实践，较少对扶贫项目实施的过程进行描述。更为重要的是，不同国家、地区的制度环境不同，NGO 运作所受到的影响及其对策也就不同，中国对全球消除绝对贫困的贡献举世瞩目，除了对政府扶贫的研究外，还需要揭示中国情境下基层 NGO 的扶贫项目实施机制，但与此相关的国际文献比较稀少。

10.2　研究框架

基于上述理论缺口，本研究拟探讨基层慈善组织实施助贫项目和脱贫项目的过程和机理，包括实施的主要阶段、步骤、活动和结果（outcomes），分析实施行为对结果的作用关系，并归纳两类扶贫项目实施的异同之处，提出相应的理论命题，研究框架如图 10－1 所示。

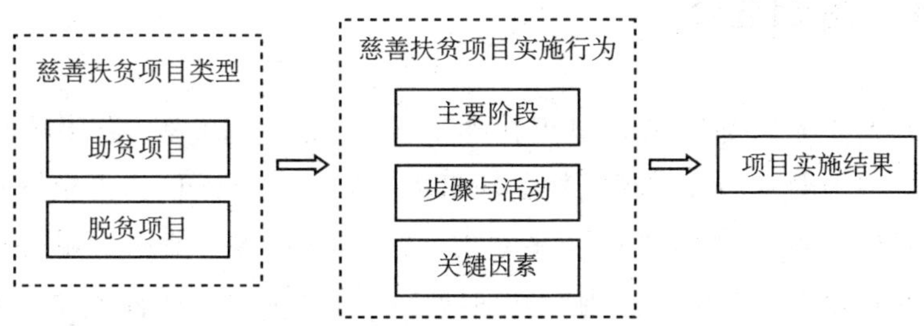

图 10－1　慈善扶贫项目实施研究框架

第11章 研究方法

本研究采用案例研究方法。一方面，案例研究方法适用于回答“为什么”和“怎么样”的问题（Yin，1994）；另一方面，案例研究方法也比较适合于对新现象的探索性研究（Eisenhardt，1989），学术界更多地关注了扶贫项目的投入和产出，却忽略了中间过程这一“黑箱”，尤其是本研究关注的县镇级慈善组织创新并实施扶贫项目的过程，需要通过个案分析去打开它。

11.1 案例选择

本研究主要关注基层慈善组织在扶贫领域的积极探索，需要选择创新性强、能体现当地慈善活动特色的扶贫项目进行深入调查。杭州市慈善总会系统包括市本级慈善总会和15个区、县（市）级慈善总会，根据杭州市慈善总会提供的资料，也考虑到需要体现对其他地区的引导作用，笔者选择了年募集金额最高的S区和Y区慈善总会作为访谈对象，进行实地调查，并各选择一个反映当地慈善特色的扶贫项目作为案例进行深入分析。S区慈善总会在2011～2013年的年均善款募集和发放达到近亿元规模；Y区慈善总会2013年募集善款也超过3 000万元，发放救助款2 600多万元，两地的年均受助人数都超过4万人次。

慈善的社会功能主要是“扶贫救困”和“支持发展”（范斌，2005）。S区慈善总会善款来源稳步、广泛，在每个镇、街道都设立了分会，在扶贫救困方面开展项目较有特色，不断根据当地需求进行创新，笔者选择了其下属新街分会开展的“农村特困户危房改造”项目（代表助贫项目）进行深入调查。Y区慈善总会在慈善生产扶贫方面很有特色，开展了慈善项目从治标向治本、“输血”向“造血”逐渐转变的探索，代表了慈善的“支持发展”功能，笔者选择了其实施的慈善生产扶贫项目（代表脱贫项目）作为案例进行深入探讨。

11.2　资料收集

本研究采用深度访谈和参阅相关文档的方法收集资料，并通过慈善总会网页、媒体报道等收集二手资料。受访对象主要是两个区慈善总会的专职会长（副会长）、秘书长、副秘书长、办公室主任，以及项目实施地慈善分会的副会长和秘书长。访谈之后，两个慈善总会又提供了相关的书面文档，作为对访谈内容的补充和证实，供本研究深入分析。首次调研在 2011 年 12 月进行，访谈和材料收集前后经过 1 周时间，之后持续关注项目的实施情况，并通过电话、邮件进行非正式访谈，资料收集截至 2017 年 9 月，这些通过多种渠道收集的资料形成了每个项目的数据库。

11.3　资料分析

本研究的扶贫项目实施内容，既不同于政府扶贫项目的运作，也与国际或大型 NGO 的扶贫项目运作差异明显，属于县镇级本土慈善组织的项目创新，是一种新现象，相关研究较少，受 Yahie（1996）的启发，可以考虑直接通过对原始资料的分析构建相关理论。扎根理论提供了这种分析工具，它由 Glaser 和 Strauss（1967）最早提出，是一种基于经验资料、自下而上构建理论的定性研究方法。它强调理论要能追溯到其产生的原始资料，从系统的原始资料中寻找能够反映事物现象本质的核心概念，然后通过这些概念之间的联系建构相关理论。在农村发展领域，郜秀军、李树茁等（2009）曾运用扎根理论归纳了农户谨慎性消费策略的形成机制。本研究将采用该方法构建基层慈善组织的扶贫项目实施过程和关键因素模型，更进一步通过案例比较归纳慈善扶贫项目类型对项目实施的影响模型。数据编码是扎根理论的最重要环节，包括开放式编码、主轴编码和选择性编码三个阶段（Corbin & Strauss，2015）。开放式编码主要是贴标签、概念化和形成范畴的过程，本研究的“农村特困户危房改造”项目共得到 107 个概念，并被归类为 16 个范畴；慈善生产扶贫项目共得到 122 个概念，被归类为 15 个范畴。主轴编码是通过建立范畴之间的关系，构建主范畴的过程，本研究中的两个项目分别形成了 5 个主范畴。在选择性编码阶段，主要是通过建立主范畴之间的联系，挖掘核心范畴，最终形成“慈善扶贫项目从创意产生到实现效果的过程”这条故事线，具体的分析结果见后文。

第12章　数据分析结果：两个慈善扶贫项目的实施过程

12.1　“农村特困户危房改造”项目：精准识别帮扶对象

“农村特困户危房改造”项目的实施经历了内外部驱动、产生项目创意、项目规划与设计、项目正式启动、项目执行与结果五个阶段，如图12－1所示。基于捐款企业对善款使用的要求和分会自身善款募集比较充裕的现状，新街分会每年都考虑启动一项适合当地社会需求的慈善项目。受本镇部分村委帮助特困危房户申请建房补助的启发，发现当地一些特困户存在危房改造的补助需求，但现有的救助政策不能覆盖这一群体，于是产生了利用慈善资金进行农村特困户危房改造补助的想法。经分会领导讨论，决定了项目的规模和时间，管理人员开始设计补助金审批的流程、参与部门的职责以精确瞄准补助对象。镇政府以红头文件的

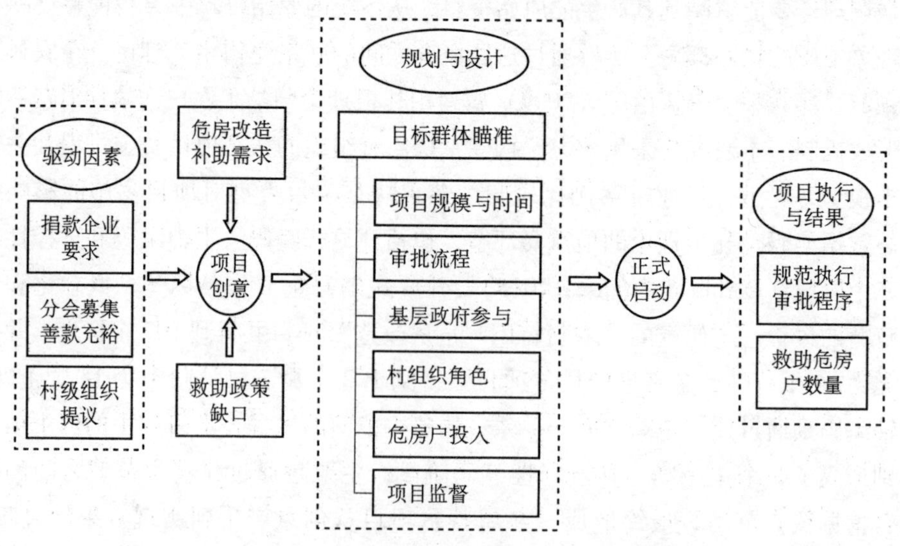

图12－1　“农村特困户危房改造”项目实施过程

形式下发了实施农村特困户危房改造补助的通知，意味着项目的正式启动，项目流程和各参与方的角色在文件中得以明确规定。各参与方按照镇政府文件执行项目，最终实现对特困户危房改造的资金补助。

项目实施过程的五个阶段由 16 个范畴构成，每个范畴包含的概念、原始词句举例如表 12－1 所示。

表 12－1　“农村特困户危房改造”项目数据编码举例

范畴	概念举例	支撑概念的原始词句举例
捐款企业要求	捐款人要求	企业老总要求，钱要用差不多，不要留起来。用完了明年再捐。他们说，钱一定要用到困难的群众、最困难的群众手里，多一点也没有关系，比如说像捐助癌症病人，多一点也没问题
分会募集善款充裕	分会募集善款足够使用	但是用的肯定够的。去年我们捐学校就用了 600 万元，我们都用的差不多的
村级组织提议	村里提议困难户危房改造救助	他们开始就有说出来的。就有人说可以弄这个东西。村里也有人提出来，我们看见这个差不多了吗
危房改造补助需求	困难群众住房改造需求	有很多困难群众，有的房子很多人高楼大厦，也有很多人住不下去的，20 世纪六七十年代的那种破房子，不是说老年人居住，就是说整户人家都居住在那里
救助政策缺口	危房户救助政策空白	残联有政策的，就是低保户里的残疾人补助 1 万元，城建办补助 1.9 万元。但是，有的人生病了，残疾人没有，钱全部花光了，因病致贫，但残疾人这一块他靠不上，这个政策他享受不了
项目创意	分会每年开发一个创新项目	去年捐学校，分会每年想一个比较创新的东西，今年弄个特困户住房改造，一共 15 个村，规定每个村 1～2 户，每户 5 万元
目标群体瞄准	享受危房改造困难户的条件	我们要低保，还有基本生活保障。就是两类人。村里认为他们是最困难的，相比较最困难的，给他弄上去
项目规模与时间	年度资助规模。项目资助时间	一共 15 个村，规定每个村 1～2 户，这样 30 户左右，每户 5 万元，就是 150 万元左右。我们控制在每村 2 户，准备 3～5 年时间，不是说 1 年就把它弄好
审批流程	避免村干部造假的工作程序约束	第一个硬性条件在这里，低保、基本生活保障。我们叫持证困难户。第二个要求三委讨论，要有会议纪要，第三个名单在全村公示
基层政府参与	要求镇政府相关部门配合做好危房改造资助项目	镇村两级和有关部门要按照各自工作职责，密切配合，齐抓共管，共同做好农村特困户危房改造工作。镇党政办负责做好牵头协调工作，镇城建办负责做好特困户危房改造工作的审批工作，镇慈善分会负责做好困难户的调查摸底及审核工作，镇财政办负责做好发放资金的监督工作
村组织角色	村委选准救助对象是项目关键	这个项目要实现我们的目的，关键环节在哪里？关键还是靠村里，靠村里把关
危房户投入	需要危房户自筹其余款项	费用他们每户够不够？不够的，肯定不够的，我们文件里说了，亲戚借一点，地方筹一点，然后镇里补一点
项目监督	总会从资金发放上监控分会	比如这个钱用存单、银行发放，主要是钱一定要发到老百姓自己手里，资金使用这一块。手续都交到总会那里的

续表

范畴	概念举例	支撑概念的原始词句举例
正式启动	镇政府专门出台政策文件	《关于新街镇农村特困户危房改造工作的实施意见》 实施农村特困户危房改造是一项保障人民群众生命财产安全、改善农村特困户家庭居住条件、构建和谐社会的德政工程、民心工程。为切实改善农村特困户的基本生存条件和居住环境，有计划、有步骤、有重点地深入推进新农村建设，根据上级有关精神，结合我镇实际，特制定本实施意见
规范执行审批程序	项目实施过程规范	这几年一直在做，整个过程都比较规范，去看、去考察
救助危房户数量	2011 年 10 月启动，2014 年 7 月完成危房改造救助 18 户	没有大张旗鼓的宣传，因为补助金额较大，这几年经济不景气、募捐金额有限。但真正有需要的也给予帮助，目前需要的也少了。共做了 18 户

12.2 慈善生产扶贫项目：从精准识别到精准成效

慈善生产扶贫项目的实施主要由内部因素驱动，经历了前期多种项目形式的探索，目前发展为以扶持贫困户发展种养殖为主的慈善生产扶贫项目，以经过区慈善总会理事会批准为标志，意味着该类项目正式启动。随后，区慈善总会以效果为导向，探索执行扶贫项目，资助贫困户发展生产，最终使资助对象实现收入增加，对生产、生活的态度更加积极。同时，该扶贫项目获得了政府主管部门的肯定和当地善款捐赠单位的认可。项目实施中每个阶段的主要内容和做法如图 12－2 所示，表 12－2 展示了资料分析过程中每个范畴包含的概念、原始词句举例。

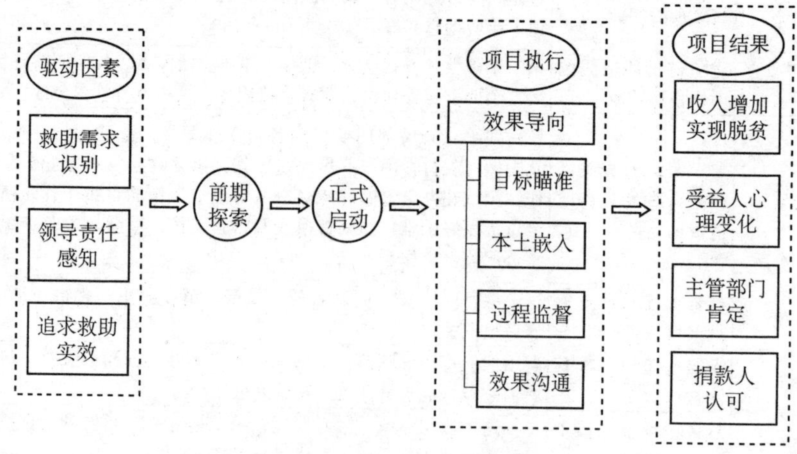

图 12－2　慈善生产扶贫项目实施过程

表 12－2　　慈善生产扶贫项目数据编码举例

范畴	概念举例	原始词句举例
救助需求识别	细分低保户类型	那么还有一部分低保户呢，劳动能力是有的，但是缺乏一些技术，缺少一些生产成本，光靠自己的一些承包地什么的来支持生活，要脱保还不行。针对这些人能够拉他一把，扶他一下，他是能够提高的
领导责任感知	原政府主管部门领导退休后专门负责慈善工作	我们就是 6 个人单独在那里做，可以说我们原民政局局长，现在退休以后就是搞慈善，我主要的精力就是在钻研，如何把慈善事业做好。慈善与民政单独分开来做，有人去做，有人做事了他就有责任，有责任就必须有压力，有压力了就必须有动力
追求救助实效	造血扶贫的目的是增强救助效果	为了增强慈善救助效果，余杭区慈善总会从 2005 年开始，在资金救助、物资救助的基础上，开展“造血型”救助
前期探索	前期驾驶员培训探索取得较好的效果	区慈善总会在 2005 年 10 月启动了“慈善扶贫技能培训”，并将低保户驾驶员技能培训作为重点项目之一，至今已经成功培训低保户驾驶员 22 名。通过培训，不仅增加了他们的就业机会，更为他们脱贫脱保创造了机会，有些已经当上了驾驶员
正式启动	造血工程经理事会批准	造血工程的项目，当时的安排，理事会同意 100 万元，100 户，当时理事会通过的
效果导向	项目必须成功	也就是说，你做一定要做好，要做成功，不要半途而废，没有做成功的，失败了，那就麻烦了
目标瞄准	分会调查上报，区总会筛选。筛选时区总会亲自调查	根据分会调查上报的 11 户申请扶持的困难家庭，总会通过听取申请对象所在镇街道、社区村意见，了解项目的可行性，并到每一户的基地进行调查，同时倾听邻居们的反映，确定 7 户为此次扶持对象
本土嵌入	联系人联系种植大户提供技术支持。镇兽医提供养殖技术支持。种植大户帮助批发销售	一般搞养殖的或者搞种植的要求在村委或社区里面牵线，就是由一个大户结对联系，比如说有一个村里面有一个种植大户，种大棚蔬菜种植的，村里要联系扶持他，就是在他这个技术上能够帮助他。你搞养殖业的，镇里的是兽医，兽医要联系过，要定期的经常去联系，去帮助他们。这个大户来说，不光是种植技术上，还有销售上也需要帮助。有的要求批发出去的，你批发得出去的，你需要的，他有的，也可以帮助他
过程监督	全部实地查看。查看技术＋管理。必须现场查看	跑到每一户人家，种植业的每一块地上我都去看过，你种在那里的大棚蔬菜，我要看看，现在技术怎么样，有没有这个能力去管理。塘西的一个困难户，他种在那里的茄子啊什么都精耕细作，管理得很好，绝对放心了。一定要现场都去看过，慈善的工作一定要务实。自己没去看过，出现纰漏以后来不及的
效果沟通	通过典型帮扶对象与捐款人沟通	我们每一年捐款以后开表彰大会、颁奖。颁奖后我们会选择几个受帮助以后的典型在这个会上讲一讲。一方面让大家了解；另一方面当着大家的面，表示感谢，感谢对其帮助、支持
收入增加实现脱贫	当年就有效果。截至 2013 年，10 户脱贫	当年就能够见效，尤其是养殖业，种植业可能还不一定。基本上是没有问题，脱离了低保户，收入增加了就脱贫了。区慈善总会自 2010 年开始对低保户、困难户、残疾人家庭实行扶贫项目，经过几年的扶持与努力，已有 8 户脱贫，其中 2 户摘掉低保帽子，6 户摘掉困难户帽子，2013 年也有 2 户即将脱贫

续表

范畴	概念举例	原始词句举例
受益人心理变化	帮扶户收入增加，感激村组织，融洽村民关系。使扶持户树立信心，生产项目产生收益	有一个低保户，这个人以前总是和村里的人过不去，后来把项目给了他，他收入增加了很高兴，他种瓜以后，几个品种的瓜拿一箧到村里去，说这是你们帮助我以后种出来的瓜，你们先吃吃看。从这以后村里面叫他做的事情他样样做好，不但他自己做好，他还在其他人那边去宣传。东塘村的一名困难户，下肢残疾，2010年区慈善总会第一次上门时，鱼塘养殖规模小、管理松、收益少，本人也意志消沉。后来经总会多次上门鼓励，并对他进行扶贫，使他逐渐树立了信心，经过这几年总会的扶持及街道、村的帮助和本人的努力，鱼塘已经形成一定的规模，并逐渐开始有了收益
主管部门肯定	得到上级领导肯定	××局长充分肯定了我区的慈善工作，工作细致、扎实，在扶贫项目上方法创新、把关严格、服务到位，通过扶持增强了困难家庭的“造血”功能，为困难家庭树立了榜样，扶贫是今后慈善工作的一个重点
捐款人认可	得到捐款人认可	上次我们在送温暖献爱心捐款表彰大会上叫他发了个言，下面的人很受启发，慈善做得好。像这样的人，只要有志气，我们捐点款去扶持他，都是值得的、应该的

第 13 章　对两个慈善扶贫项目实施的比较

两个扶贫项目在性质上截然不同，“农村特困户危房改造”项目属于贫困救助性质，是“输血”型项目，代表助贫项目；慈善生产扶贫项目属于支持发展性质，能够提高贫困户的自身能力，使其迅速脱贫，是“造血”型项目，本研究以其代表脱贫项目。比较两个扶贫项目的实施过程发现，基层慈善组织实施创新型扶贫项目都经历了驱动因素、创意产生、项目规划、项目执行、项目结果等主要阶段。在助贫项目中，项目结果与项目执行相随而起，两者相对简单，确定性高，合二为一；而在脱贫项目中，创意产生和项目计划隐含于前期探索和正式启动阶段，自然而生，也相对简单。两个项目的实施都包含了项目监督环节，大致的实施情况如表 13－1 所示。

表 13－1　两个扶贫项目的实施情况

	“农村特困户危房改造”项目（助贫项目）	慈善生产扶贫项目（脱贫项目）
项目性质	输血：贫困救助	造血：支持发展（提升能力）
项目创意	适应捐款人的要求和当地贫困户的需求	主动探索帮助贫困户脱贫，考虑当地贫困户的愿望和需求
项目执行	规范的政府文件，主要依靠镇、村两级组织的执行	由慈善组织进行决策与协调，同时依靠镇、村（社区）两级组织的支持
项目结果	解决了那些存在实际困难、现有救助政策不能覆盖的贫困户住房安全问题	贫困户当年实现脱贫、脱保，促进农村居民团结，提高捐赠人满意度
项目监督	政府部门、慈善组织、村民的共同监督	以慈善组织自我监督为主

13.1　共同特征

（1）精准识别帮扶需求。项目开发的主要工作是需求分析，运用需求分析提供的信息来确定需要解决的社会问题，然后通过设计和实施适当的项目来改善这些社会问题（麦克戴维和霍索恩，2011）。两个扶贫项目都是根据一部分贫困户的特定需求而设计实施，在慈善扶贫方式、方法上进行创新，扩大了扶贫覆盖面，提高了扶贫措施的命中率。“农村特困户危房改造”项目针对存在住房安全隐患、无法获得专项救助的特困户需求，切实帮助他们解决基本的生存条件问题，并填补了现有助贫政策的空隙，社会影响较大。Y 区的慈善生产扶贫项目主要针对有劳动能力和脱贫愿望但缺乏资金的贫困户。慈善总会资助这类贫困户购买种养殖所需的设施、资料，并安排专人联系，在生产开发中及时解决问题，扶持贫困户创收、脱贫，主动开展“造血型”扶贫，做到了方法创新，这种做法在慈善组织中比较少见，得到了杭州市民政部门的肯定。由此得出如下命题：

命题 1 能够针对贫困户特定需求、弥补现有救助政策空白的程度越高，慈善扶贫项目创新更易于实现救助效果。

（2）精准选择帮扶对象。“农村特困户危房改造”项目的目标救助对象是每个村里相对最贫困的危房户，而且必须是低保户或者基本生活保障户。并且在项目设计阶段对村委的做法进行了严格规定，必须有开会讨论的会议纪要，必须在村内公示 7 天以上；在镇政府文件里明确排除四类家庭成为受助对象。危房改造完成后，还要接受慈善分会和镇相关部门的联合评议。上述措施都是为了实现精确瞄准救助对象。

> “有下列情形之一者不得纳入农村特困户危房改造范围：一是与子女分家，老人单独居住危房的；二是已经享受农村‘五保’政策分散供养的五保户；三是因好逸恶劳造成住房困难且在群众中反响不好的；四是一户有两处居住场所且有一处安全住房的。”（选自《关于新街镇农村特困户危房改造工作的实施意见》）

Y 区的慈善生产扶贫项目在执行阶段对目标帮扶对象也有明确的要求，并且要经过村慈善工作室、镇慈善分会的推荐和区慈善总会的实地调查、筛选。正是因为选准了帮扶对象，慈善生产扶贫项目才取得良好的效果，每个项目都能使困难户短期内实现增收。

> “为了帮助低保困难家庭脱保脱贫，解决部分有劳动能力、有种养殖生产经验，欲通过自身努力脱保脱贫的低保困难家庭缺少资金无从着手的难题，Y 区慈善总会根据二届四次理事会确定的项目扶持要求，开展慈善扶贫项目，创新救助模式。”（选自 Y 区慈善总会网站报道。《Y 区慈善总会开展

慈善扶贫项目》）

“到镇里面听，到村里面听，到周围的老百姓那里去听，还要到现场去看，做到这四步以后才来讨论怎么样进行扶持。到老百姓、邻居那里去听，就是听他这个人有没有赌博，如果赌博，我扶持资金再怎么给你，对这个人也是没有用的。”（Y 区慈善总会访谈）

通过分权，由村级基层组织负责项目受益人的识别和扶贫资源分配，可能产生两种截然不同的结果，一是精英俘获，扶贫资源被分配给了村里的富人；二是扶贫资源被分配给了村内最需要、最贫困的人（Imai & Sato，2012）。在本研究的两个案例中，都由村级基层自治组织参与帮扶对象的识别和推荐，然后由镇慈善分会或区慈善总会考察、批准，最终实现了精确瞄准项目的目标受益人。经由上述分析和原始资料论证，得出如下命题：

命题 2　*在慈善扶贫项目实施中，实际受帮扶对象与项目设计的目标受益人越匹配，项目实现预期效果的可能性越大。*

（3）本土嵌入，获取外部支持。两个慈善扶贫项目的实施都嵌入到镇政府、村委这样的基层组织，获得他们的支持，这也是慈善总会系统实施项目、活动的特色。在“农村特困户危房改造”项目中，各村三委会推荐、讨论、公示受救助名单，镇城建办、财政办、民政办负责评议、审批、监督，从而保证项目实施的公平、公正。在 Y 区的慈善生产扶贫项目中，由镇政府或村委出面，联系兽医或种植大户结对帮扶项目受资助家庭，提供技术或市场方面的帮助。嵌入于当地的政府系统，两个区的慈善总会都建立了比较完善的慈善组织网络，在两个项目的实施中发挥了重要作用。

“2011 年是 S 区实现镇街慈善分会全覆盖后的第一个年头，到 2010 年底，共建立 31 个慈善分会，包括 28 个镇街分会和 3 个直属分会。”（S 区慈善总会 2011 年工作总结）。

“在区建立慈善总会，镇、街道建立慈善分会（工作站）的同时，今年在村、社区建立和完善了慈善工作室，实现了慈善工作三级联动…… 全区 21 个慈善分会（工作站），324 个村社区慈善工作室。”（Y 区慈善总会 2011 年工作总结）。

嵌入于基层政府部门，使“农村特困户危房改造”项目实施获得了当地镇政府部门和村三委会的支持与配合；使慈善生产扶贫项目的实施更容易获取贫困户的信息，以精准识别扶持对象，也为获取生产发展所需的技术、市场等要素资源提供了合法性和便利性。Yesudian（2007）的研究发现，扶贫项目实施中过多的政府参与实际上是一个障碍，社区参与，尤其是受益人的参与，有助于更好地实现项目目标，而且项目实施需要向村级组织分权。在本研究的两个案例中，通过嵌入当地的基层政府组织，吸引镇政府相关部门和村自治组织的必要参与，获得他们的制度支持和资源支持，对项目实施发挥了积极的作用。由此得出如下命题：

命题3 *在慈善扶贫项目中，本土嵌入有助于项目实施获取外部支持和资源，进而有利于项目的顺利执行并取得预期的效果。*

（4）以正式启动环节推动项目的顺利执行。“农村特困户危房改造”项目实施中，经过慈善分会对项目方案的精细设计，以镇政府发布红头文件的形式正式启动，为项目实施获得镇政府相关部门和村自治组织的支持与配合提供了合法性，也为按照设计方案执行项目提供了依据和保障。慈善生产扶贫项目经过区慈善总会理事会的批准，标志着项目的正式启动，使慈善总会的项目执行的探索中获得了合法性，能够得到各慈善分会、慈善工作室及其所在镇政府、村委的支持和配合，进而为帮扶对象获得当地种养殖大户的技术、市场要素扶持提供了保证。因此，提出如下命题：

命题4 *在慈善扶贫项目中，正式启动环节能够提高项目执行的合法性，有助于获得外部支持，进而促进项目的顺利执行。*

基于上述分析，笔者认为，精准识别帮扶需求、精准选择帮扶对象、以本土嵌入获取外部支持、以正式启动环节获取合法性是基层慈善组织实施创新型扶贫项目的关键因素。

13.2 项目实施差异

尽管两个项目都是基层慈善组织实施的创新型扶贫项目，但是助贫项目属于比较传统的慈善内容，脱贫项目在基层慈善组织中还属于相对新鲜的事物，尤其是本研究关注的直接面向每个贫困户的慈善生产扶贫项目，还比较少见。对脱贫项目与助贫项目实施中两者差异进行简要概括，具体情况如表13－2所示。

表 13－2　两个项目实施的差异

	“农村特困户危房改造”项目	慈善生产扶贫项目
项目目标	助贫	脱贫
慈善组织的投入	资金	资金，精力，协调活动
项目监督方式	内外部多角度监督	慈善组织自我监督
关键程序	项目设计	项目执行
项目结果	解决特困户危房问题	收入增加，积极心理，利益相关者满意

（1）项目目标不同。根据《中国农村扶贫开发纲要（2011～2020 年）》，农村贫困户危房改造和开发式产业扶贫都属于农村扶贫的重要内容，但“农村特困户危房改造”项目是“助贫”活动，目标是执行“扶贫救困”的功能；Y 区慈善总会开展的种植业或养殖业扶贫项目，是开发式扶贫活动，目标是为贫困户自力更生提供机会，进而提升其生存能力，使其迅速脱贫，履行了“支持发展”的慈善功能，属于“造血”型项目。简单来说，危房改造项目是“分钱”的活动，慈善生产扶贫项目是“生钱”的活动，追求的是“先分钱，使其帮助贫困户再生钱”的目标。因此，提出如下命题：

命题 5　相对于慈善助贫项目，慈善生产扶贫项目更多的追求“支持发展”功能，更加注重脱贫效果，项目目标的长期性更强。

（2）项目执行中慈善组织的投入不同。由于目标不同，两个项目所需要投入的资源也就不同。在“农村特困户危房改造”项目中，慈善组织投入的主要是资金，以及围绕资金发放开展的一些必要程序和活动。在慈善生产扶贫项目中，慈善组织除了投入资金、开展必要的程序活动外，还要投入大量的精力和协调活动，向贫困户提供技术、管理和市场方面的信息，促使、帮助贫困户的产业开发活动产生效益。因此，提出如下命题：

命题 6　相对于慈善助贫项目，慈善生产扶贫项目的实施对慈善组织的资源整合和协调能力要求更高，慈善组织投入的资源种类更多。

（3）项目的监督方式、精准内涵不同。“农村特困户危房改造”项目属于“分钱”的活动，所以其公平、透明性非常重要，需要来自慈善组织、政府部门和村民等不同角度的立体化监督，才能保障项目的成功实施，实现真正的“助贫”目标，防止善款流入目标受众之外。因此，其主要体现在帮扶对象精准。慈善生产扶贫项目属于“生钱”的活动，项目追求使贫困户产业创收、快速脱贫，能否实现目标取决于慈善组织是否“选对人、做对事”，项目的结果比较明显、透明，所以项目实施的监督主要来自慈善组织内部，只有慈善组织做好了各项工作，才能保证实现项目的目标效果。正如 Davis（1995）在评价如何评估扶贫项目的有效性时所说："这种复杂的项目随着时间而演进，自我监控和持续评估提供了重要工具以支持这些'过程'（Process）项目"。自我监督和评估是慈善生产扶贫项目实施中的主要监督方式。在本研究中，慈善生产扶贫项目既体现了精准识别帮扶对象又实现了扶贫措施精准、扶贫实效精准。因此，提出如下命题：

命题 7　相对于慈善助贫项目，慈善生产扶贫项目不仅需要帮扶对象精准，而且需要帮扶措施精准、帮扶成效精准，对精准扶贫的要求更高，慈善组织对工作效果的自我追求更为重要，自我监督方式更为适用。

（4）项目实施的关键程序不同。"农村特困户危房改造"项目实施的关键程序在于项目设计阶段，整个项目设计阶段的目标就是确保扶持对象瞄准，只要项目设计比较具体、考虑的内容比较周到，项目执行的每个环节按照设计的流程进行，项目就实现了预定效果。助贫属于传统的慈善项目类型之一，前期经验比较丰富。"农村特困户危房改造"项目设计的关键环节是对村委决策的要求，是否公平、公正的推荐了相对最贫困的特困危房户，其他环节的设计都是为了检验村委决策的正确性。慈善生产扶贫项目实施的关键程序在于项目执行阶段，支持生产发展的生产扶贫项目涉及的环节、资源需求、影响因素都比助贫项目多，前期经验较少，项目设计难以考虑周全，项目执行就成为关键阶段，它也是一个不断探索、完善的过程，决定了项目能否实现追求的效果。慈善生产扶贫项目在执行阶段的每个环节都很重要，直接影响到项目的实施效果。帮扶对象瞄准决定了项目实现"造血"功能的内在动机和前期基础，本土嵌入决定了生产发展中外部资源的获取，过程监督强化了受益人的生产投入，效果沟通使项目实现良性循环、持续进行。这与 Yahie（1996）提出的扶贫项目实施需要更多的柔性、更适合于基于过程的方法（process approach）相一致。因此，提出如下命题：

命题 8　相对于慈善助贫项目，慈善生产扶贫项目实施的影响因素种类更多，结果的不确定性更高，项目执行阶段涉及的环节、需要的资源类型更多，其柔性、重要性也更高。

（5）项目结果的影响程度不同。"农村特困户危房改造"项目的效果是实现了助贫目的，使特困户的危房得到改造或重建，消除了危房给贫困家庭带来的安全隐患。慈善生产扶贫项目的效果不仅体现在使贫困户在短期内收入增加，部分家庭实现脱贫，还改变了贫困户的精神面貌，追求自力更生、生产脱贫，提高了贫困户的生产管理能力，甚至使村民关系更加融洽。慈善生产扶贫项目的这些直接效果还得到了政府部门的认可，提高了善款捐赠人的满意度，优化了当地的慈善氛围，因此，产生了更多的溢出效应。因此，提出如下命题：

命题 9　相对于慈善助贫项目，慈善生产扶贫项目实施结果的影响程度更深、范围更大，溢出效应更强。

基于上述比较，笔者认为，相对于慈善助贫项目，慈善脱贫项目的功能主要是支持贫困户的能力提升和发展，目标在于实现脱贫，扶贫效果更具长期性；脱贫项目的实施不只是投入资金，还需要基层慈善组织投入更多的精力进行筹划、组织和监督，同时还要协调与基层政府部门、企业部门的关系，为帮扶对象争取不同类型的资源支持；相对于助贫项目的精确瞄准和多方位过程监督，脱贫项目实施更要做到帮扶措施精准、帮扶成效精准，需要基层慈善组织和帮扶对象共同的积极投入，更适合于以自我激励、自我监督的方式执行项目；相对于助贫项目的高确定性和周密的项目设计，脱贫项目实施的影响因素种类更多，不确定性更高，探索性的项目执行和问题解决更为重要；相对于助贫项目，脱贫项目实施的效果影响程度更深、范围更大，溢出效应更强。

第14章　结论与讨论

14.1　研究结论

（1）基层慈善组织的扶贫项目实施就是识别贫困户特定需求、精准选择帮扶对象，以获取合法性、整合外部资源推动项目执行从而实现预期效果的过程，大致经历了驱动因素、创意产生、项目规划、项目执行和项目结果等阶段，如图14-1所示。扶贫项目的正式启动环节是外部沟通、获取利益相关方认可的主要方式，有助于项目实施的合法性获取。嵌入于基层政府、自治组织，构建合作伙伴关系，是获取必要的体制内资源支持，甚至市场资源支持的重要途径。基层慈善组织的扶贫项目实施逻辑是通过扶贫项目创新满足当地贫困户的急迫需求，弥补现有救助政策空白，进而彰显救助效果，获取捐款者认同，以扩大慈善组织的社会影响。

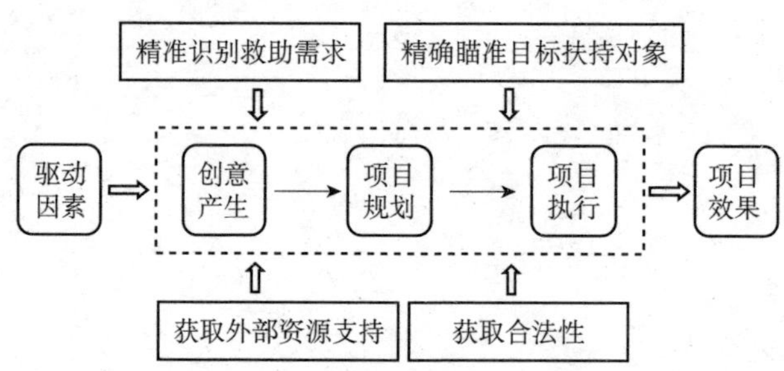

图14-1　基层慈善组织扶贫项目实施的过程与关键因素

（2）基层慈善组织实施扶贫项目的目标、内容不同，具有不同的社会功能导向，需要投入的资源和能力种类不同，体现的精准扶贫政策要求不同，适用的监督方式不同，需要重视的关键程序不同，进而对贫困户产生不同程度的影响，具有不同强度的溢出效应，如图14-2所示。具体来说，基层慈善组织实施的扶贫项目类型不同，例如助贫项目与脱贫项目，项目实施过程中的功能导向不同，进而产生的项目效果也就不同。例如，脱贫项目可以提升贫困户参与市场的能力，可持续性更强，影响面更广。不同类型的慈善扶贫项目对资源和能力的需求不同，需要基层慈善组织发挥自身的协调能力，根据项目内容投入必要的资源种类，例如养殖技术、销售支持，才能实现项目的预期效果。不同类型的慈善扶贫项目需要采用的精准扶贫措施不同，除了做到精确瞄准外，以脱贫为导向的项目还要做到措施精准、成效精准，例如，针对不同类型的贫困户采取不同的帮扶措施，甚至“一户一策”（汪三贵，2008），才能实现项目的预期效果。不同类型的慈善扶贫项目，其复杂程度不同，需要采用不同的监督和评估方式，才能推动项目的顺利实施，进而实现预期效果。例如，以发放救助资金为主的助贫项目相对简单，要求公平、公开、透明，需要多方位的外部监督；以脱贫为导向的扶贫项目涉及种植、养殖等生产活动，相对复杂，可能遇到的问题较多，需要持续的自我监督和自我评估。不同类型的慈善扶贫项目，影响其顺利实施的因素种类不同，项目运行的确定性不同，项目实施的关键阶段不同，例如，助贫项目的规划设计阶段更为重要，执行阶段相对简单，脱贫项目却恰恰相反，具有柔性的执行阶段更为关键，对项目效果的影响更大。

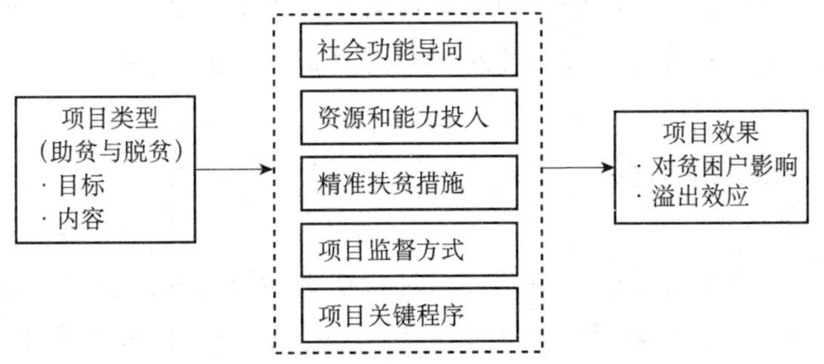

图 14－2　慈善扶贫项目类型对项目实施的影响

14.2　理论贡献

首先，本研究中的扶贫项目实施主体是本土县镇级慈善组织，现有对扶贫项目运作的研究主要关注政府主导实施的扶贫项目和国际 NGO 在中国的扶贫行动策略（孙飞宇、储卉娟、张闫龙，2016；刘源，2016），对我国社会扶贫中国内基层慈善组织主导的项目实施较少涉及，本研究是对社会扶贫文献的补充。其次，现有文献已从精准扶贫视角分析了扶贫项目在基层的实践，发现政府扶贫项目在基层的实施有悖于精准扶贫政策要求（许汉泽和李小云，2016、2017），相反，笔者认为，研究中的慈善脱贫项目案例较好地体现了精准扶贫思想，做到了精确识别、措施精准和成效精准，为我国的精准扶贫研究补充了个案和文献。再次，区别于现有文献对政府扶贫项目运行机制和逻辑的归纳，例如，体现为上级政府“分包”机制、县级政府“打包”机制和村庄“抓包”机制（折晓叶和陈婴婴，2011）的不同层级政府之间的利益博弈（马良灿，2014），本研究提出了基层慈善组织实施扶贫项目的过程、机理和内在逻辑，即通过整合内外部资源满足贫困户的特定或急迫需求，以获得捐款者的认可、扩大组织在当地的社会影响；也不同于现有文献对基层政府参与扶贫项目的负面作用的分析（马良灿和哈洪颖，2017；Yesudian，2007）和国际 NGO 对我国地方政府的“依附性运作”（孙飞宇、储卉娟、张闫龙，2016），笔者认为，基层慈善组织在自主实施扶贫项目中与基层政府建立合作伙伴关系（陈为雷，2014），有助于项目实施的合法性和资源获取。这些都是对扶贫项目运作文献的补充和拓展。最后，在研究方法上，本研究引入了扎根理论方法分析扶贫项目的实施过程和机理，提出理论命题以反映相关构念之间的关系（李高勇和毛基业，2015），对扶贫项目实施进行了更为微观、具体的分析，使理论与原始数据连接（毛基业和苏芳，2016），为以后分析社会扶贫、精准扶贫领域的新现象、新事物提供了参考。

14.3 实践启示

本研究对于我国基层慈善组织如何进行扶贫项目创新、如何实施精准扶贫、如何实施“造血型”脱贫项目具有一定启发意义，对于地方政府如何推动基层慈善组织实施脱贫项目、实现精准扶贫也有一定的启示。

首先，基层慈善组织如何进行扶贫项目创新。精准识别贫困群体的救助需求、填补现有救助政策的空白，这是成功开发创新型扶贫项目的前提。根据救助需求对贫困群体进行细分，开发出更具针对性的救助措施是扶贫项目创新的关键。获得基层政府部门的支持，以正式启动环节增强项目的合法性是获得项目实施所需信息和其他异质性资源的重要途径。

其次，基层慈善组织如何实施精准扶贫。作为重要的社会力量之一，基层慈善组织可以针对特定的贫困群体实施“助贫救困”，将有限的善款精确瞄准特定困难户，实现精准识别扶持对象。对于慈善资源充沛、具备专职规范管理的基层慈善组织，实施“造血”型生产扶贫项目，可以更深入地实施精准扶贫。针对有意愿并有条件通过发展生产实现脱贫的部分贫困家庭，通过共同决策生产项目、协调外部资源支持并给予一定的资金扶持使其快速增收、实现脱贫，不仅实现了精确识别扶持对象，还实现了扶贫措施精准、扶贫实效精准。

再次，基层慈善组织如何实施“造血”型脱贫项目。基层慈善组织实现从“输血”型助贫项目向“造血”型脱贫项目的提升，需要做好四个方面的工作。第一，在理念上追求扶贫实效，确定项目的目标是使扶持对象脱贫、脱困；第二，在扶贫措施上不仅局限于资金扶持，还需要协调解决技术支持、营销支持，帮助贫困户建立社会资本，为贫困户寻求更多的社会支持；第三，在项目执行中确立效果导向，通过过程监督促进扶持对象的积极参与，从心理上激发贫困户的生产积极性和脱贫信心；第四，积极探索、不断完善，作为创新项目，先前经验较少，做出周密的项目计划现实性较低，基层慈善组织要高度重视项目的执行，做好与利益相关者的沟通，协调关系、整合资源，为项目的顺利实施创造条件。

最后，地方政府如何推动基层慈善组织实施脱贫项目、实现精准扶贫。政府部门可以考虑委托基层慈善组织实施一些小规模的脱贫项目，直接瞄准单个贫困户，使其既获取了合法性和一定的外部资源，又能整合资源、自主推动扶贫项目的实施，加快当地精准扶贫的实现。

14.4 研究局限及展望

本研究的案例研究虽然提出了基层慈善组织实施扶贫项目的过程和关键因素模型，并基于对助贫项目和脱贫项目的比较提出了慈善扶贫项目类型对项目实施的影响模型，但是受到案例数量和案例研究自身不足的影响，其普适性还有待于进一步的验证。尤其对于慈善脱贫项目，还属于新的事物，随着更多的项目内容的出现，其实施过程、作用机理以及与助贫项目的差异是否出现新的变化，还有待于进一步的观察和研究。后续研究还可以根据案例研究的结果提出假说，通过大样本量的定量研究验证有关慈善扶贫项目实施的理论命题。

附录　各 CSR 项目案例综合信息

千亩毛竹园公益项目

一、项目背景

1994 年，G 先生创建××××总厂（现深圳中小板上市），投资生产 D-泛酸钙（维生素 B5）产品，用于食品和饲料行业，替代进口。到了 1998 年，该厂已经成为国内 D-泛酸钙行业中生产技术领先、生产规模最大的企业，把国际竞争对手一一挤出了国门，产品供不应求，企业效益越来越好。G 董事长是从当地农村（××村）出来创业的，想为家乡人做一些好事。当时的农村还比较贫困，没有实施养老保险制度，有些家庭对老人也不够孝顺，他就想为这些没有生活保障的老人做些好事，以解决他们的后顾之忧。当时的××村还有一些荒山，考虑到竹子浑身是宝，成林后收成有保障，就与村干部协商，由他投资 100 万元种植、养护 1 000 亩毛竹园，投入的资金不作为成本收回，成林后的收益主要用于老年人公益事业。

二、项目规划

当时的××村比较小，只有 600 多人，其中 60 岁以上的老人 100 人左右。于是 G 先生决定投资种植 1 000 亩毛竹林，平均每位老人有 10 亩地的毛竹，成林之后可以有些钱用，老年人的生活就有了保障。G 先生与××村村委经过多次协商，最终达成了“关于用于××村老年人公益事业的 1 000 亩毛竹园建设的开发投资协议”。根据协议规定，G 先生分两期投入 100 万元用于建设 1 000 亩毛竹园，××村提供林山 1 000 亩，第一期开垦营造毛竹林 600 亩，投资期限自 1998 年 1 月开始，预计需要投入资金 60 万元，根据实际建设进度分期到位。投资项目包括：开垦荒山、购买毛竹苗、种植、施肥、抚育、管理期人工工资等。G 先生投入的资金不作成本收回，毛竹园投产产生效益后的净收益按照××村老年协会 60%、G 先生 20%（用于村公益事业）、××村村委 20% 的比例进行分配。G 先生只行使监督权，所获得的 20% 的收益仍然用于××村的公益事业。

老年协会所得毛竹基地净收益的 60% 资金，设立专门账户，实行独立核算，在分配过程中采用公平、公开、公正的原则，每年的收益和支出实行民主管理，上墙公布，并委托××村所在的××源镇财政办稽查。针对老年协会所得资金设立基金管理委员会，其成员从村老年协会成员中推荐，每年年底拟定分配方案，报 G 先生和××村村委认可后实施。老年人享受基金的年龄确定为男 60 周岁、女 55 周岁，享受对象必须是××村村民（户粮关系在××村的，以身份证为准）。

协议中还约定，毛竹园的负责人和产生效益后的会计、出纳由××村老年协会推荐，征得 G 先生的同意，在毛竹园未产生效益前负责人暂由 G 先生指定，报酬也由他承担。协议中强调了该项目的投资目的纯粹为了××村的公益事业，因此，要求××村村委尽快确定毛竹园基地的面积，界定毛竹园与周围村民私有竹园的交界位置，确保毛竹园权益不受侵犯。

协议中还特别约定，第一期营造的 600 亩毛竹林中，有 280 亩套种在杉木林中，该杉木林是由世界银行提供贷款营造的，因此，自套种毛竹起，杉木林投产后的收益首先用以归还世界银行的贷款本息，若有余额，纳入毛竹林的收益进行分配，若有缺额，用毛竹林收益进行补偿。

三、项目实施

毛竹园项目实施实际上分三期进行，根据××村村委提供的资料，一期工程于 1998 年开发，种植面积 600 亩，二期工程于 2004 年种植 176 亩，三期工程于 2009 年种植面积 309 亩，合计 1 085 亩。毛竹林的养护需要 10 年才能成林投产，目前第一期的 600 亩毛竹已经投产，后两期还在养护过程中。根据毛竹园负责人的介绍，G 先生已经为毛竹园投资 150 万元左右，从 2009 年开始停止现金投资，通过已经投产的 600 亩毛竹的收益来支付整个毛竹园的管理费用和 400 多亩未成林毛竹的养护费用。

与此同时，G 先生从 2004 年开始，每年春节为村里的老人发放 350 元红包，2004 ~2005 年，主要发放给××村的老人，后来××村并入了×村，所有×村的老人都能领到 350 元的红包，2011 年春节，470 名老人领到了红包，发放金额

164 500 元。

四、项目实施中遇到的问题

1. 投资协议签约问题——林山租金问题。

投资协议的协商和签约过程颇费周折。G 先生提出投资意向后，马上就有村民产生疑问，怀疑他企图圈占家乡的土地，所以刚开始起草合作协议时，村委只同意种植 200 亩毛竹园，期限 20 年，利润五五分成。然后修改协议，增加到 500 亩，期限 30 年，收益六四分成，村老年协会得六成。第三次协商，把承包期限延长到 50 年，收益三七分成，村老年协会得七成。在 G 先生的提议下，最终确定为种植面积 1 000 亩，承包期限 50 年，毛竹成林后的收益按 6 ∶ 2 ∶ 2 分成，村老年协会得六成，村委得两成，因为村集体投入了林山，G 先生得两成，但这两成收益不归个人所有，而是再投入村公益事业。在协商过程中，村委召集农户代表 100 多人，多次开会，协议内容得到了大家的一致同意。但是，在第一批毛竹种下之后，村支书改变了想法，使这份协议一直拖了 5 年多，到了 2004 年初，才正式签字确认。G 先生的提议得到了村民和大部分村委干部的支持，认识到确实能解决 × × 村老年人的养老问题，对村民是有利的。但是，问题出在村委是收取租金还是获取收益分成上。当时的村委没有任何经费下拨，只能依靠村集体经济收益弥补运转开支，但村集体每年只有 5 000 元的房租收入，支出需要 5 万元，一届村委只有 3 年，因此，原 × × 村支部书记希望 G 先生以承包的形式投资毛竹园，支付租金，而不是待毛竹成林后分配收益，这样可以马上解决村委的经费问题。所以村支书一直不肯在协议上签字，迫于压力，既不修改协议也不签署投资协议。从 1998 年开始种植毛竹，直到 2004 年初才在投资协议上签字。在此期间，G 先生多次捐款，为村里修路、修桥，村委也多次向 G 先生寻求资金资助，用于 × × 村的建设。在其他村委干部的劝说下，原村支书终于在投资协议上签字，G 先生请上级部门（× × × 镇人民政府）以签字盖章形式做了鉴定。

2. 项目实施中遇到的技术问题。第一年林苗死亡问题和 2008 年毛竹死亡问题。

在第一年种植毛竹时，由于错过时节，导致 1 万多株林苗没有成活。当地有一句话叫“正月种竹，二月种木”，树在二月里种，竹子要在正月里种。由于经验不足，第一期林山开垦完成时正月已过，到了二月，采购了一批毛竹苗，7.5 元一株，一次采购了 1 万多株，将近 10 万元，种下去后 90% 以上死掉。经过林业专家和村领导会诊，确认种植毛竹没有问题，但必须天气比较冷时就种下。第二年重新再来时就有经验了，又买了 1 万多株竹苗不超过正月二十就种下去了。

2008 年，很多毛竹死掉，请来林业局专业人员查看，发现是毛竹生了一种虫子，经及时喷洒农药后，得到控制。

3. 项目实施中其他相关方的支持。当地村民和村领导的支持，当地原乡政府的支持，当地原乡政府林业站的支持。

项目实施中，G 先生委托 T 负责，T 在 1984 年曾是 × × 村的第一届村长，1985 年进入 × × 乡政府工作，2001 年被借调到某企业担任财务总监，2008 年退休，2007 年进入 G 先生的企业工作。项目的实施得到了乡政府的支持，T 在乡政府工作期间，需要为毛竹园的工作外出时，乡政府领导都给予批准，认为是 G 先生在为村民做好事。同时也得到了村民的支持，有些林山已经分给农户，在给予一定补偿后，把林山让了出来，建设毛竹园，这其中村委领导做了一定的协调工作。原乡政府林业站帮助联系购买了第一批 1 万多株竹苗，但是，林业站工作人员赚取了每株约 2 元钱的利润。

4. 项目实施中与其他相关方的冲突。与原 × × 村支部书记的冲突、与毛竹园周围农户关于侵占毛竹园的冲突、与现 × 村村委的冲突。

项目的实施一直与当时的村支部书记存在冲突。除了前面提到的支部书记不愿意签署协议外，还发生了多次冲突。首先，投资协议约定，原 280 亩杉木林成材后用以归还世界银行贷款本息，多余部分作为毛竹园收益分配，或者不足部分由毛竹园收益弥补。后来由于毛竹园多次施肥，杉木林快速成长，村委出售杉木的收益超过了世界银行贷款本息，但村支书并没有把多余款项按照毛竹园收益进行分配。其次，在种植毛竹过程中，有些村民挖的穴洞达不到要求，毛竹园管理方拒绝支付工钱，这些村民与支书关系较好，所以村支书带着他们向 G 先生讨要工钱，引起 G 先生的不满。最后，建设毛竹园需要开设林道，村支书在未经 G 先生认可的情况下，私自挖掘山地开设道路，然后向 G 先生讨要工钱，遭到 G 先生的拒绝。

毛竹园周围也有当地农户自己挖的竹地，当地叫雷竹地，这些竹地地面铺盖的锯末等材料产生高温，使毛竹死掉，然后占用毛竹园的山地。这种情况不断出现，原本是为村民投资的公益项目，却遭到部分村民的破坏，使 G 先生产生一定的不满。

毛竹园项目可以申请当地林业局的低产林改造项目经费支持，但是必须由村委出面申请，林业局把资助经费打入村委的账户，有时村委在申请到经费后，会挪用拨款，毛竹园管理方也难以得知是否申请到了经费支持。

五、项目实施效果

第一期毛竹林于2009年可以产生效益，每年砍伐毛竹控制在10万元左右，以弥补整个毛竹园的管理、养护费用，尤其是二期、三期毛竹林的养护支出。在重阳节时，向老年人发放了一些礼品。整体来说，每年砍伐的毛竹控制在与毛竹园需要支出费用持平的数量。另外，每年的竹笋收入也达到3万多元。

在2011年毛竹园的效益会逐渐体现出来，乐观地说，可达到每年净利润50万元，老年协会可以分到30万元，全村不到500位老人，每人可以分到600元的生活补助费用。这样一来，每位老人350元的春节资助可以由毛竹园收益支出，还可以开展更多的公益资助。但是，在毛竹园成林后由于毛竹和竹笋价格的下降，尤其是雇工工资上涨、成本提高，再加上工人存在严重的磨洋工现象，毛竹园的利润并没有实现预期，只是出于微利状态。2014年7月，由于政府需要大面积的连片山林实施项目，毛竹园以250万元的价格转卖，村政府获得50万元受益，其余200万元由××负责投资增值，约定每年支付10%利息20万元，其中12万元用于为村民交付农村医疗保险费用，剩下的8万元为当地自然村约150位老年人发放生活补助。

高山蔬菜基地（无公害优质农产品配送中心）项目

一、项目背景

自 2011 年起，杭州市启动了新一轮的“联乡结村”活动，这一轮的“联乡结村”活动提出了以增强“造血”功能为目标、以项目带动为载体的要求，这就需要帮扶单位投入更多的精力帮助实施“造血”项目，实现被帮扶地区的可持续性增收。杭州市委××领导的市级帮扶集团继续联系淳安县 Z 镇，帮扶集团的成员包括市纪委、司法局、质监局、B 公司等 11 家单位。2011 年 2 月 10 日，春节后上班的第二天，帮扶集团成员单位领导到 Z 镇调研指导“联乡结村”共建活动，部署新一年帮扶工作。在 2010 年底，市场上出现了“毒馒头”“毒腌菜”事件，种菜的农民不吃自己种的菜，食品安全问题比较突出。在这次调研中，他们认为 Z 镇的高山蔬菜口感很好，食用放心，提出建设无公害蔬菜基地——高山蔬菜基地，由 B 集团作为该项目的重点扶持单位，为当地农民提供就业机会、增加收入。

二、项目规划——实施方案制定

B 投资集团有限公司作为实施该项目的重点扶持单位，集团领导非常重视，在不到两个月的时间里，基地的前期准备工作已经就绪。在这项“惠民”工程中表现出了三个“快”。

首先是行动落实快。接到任务后，B 公司迅速召开领导班子及相关人员会议，组建工作小组，明确由分管领导担任组长，帮扶工作联络员担任副组长，各部室抽出专门人员负责协助做好项目实施的相关工作。2011 年 3 月 2 日，集团党委副书记带领工作人员专程赴 Z 镇，就扶持 Z 镇筹建无公害优质农产品配送中心与镇领导进行沟通协商。3 月 16～18 日，又组织 Z 镇领导和项目负责人实地调研考察了杭州良渚麟海蔬果专业合作社、杭州市农业科学研究员蔬菜研究所和萧山益农镇蔬菜基地等单位学习取经，在此基础上，编制项目实施方案，较好地完成了项目实施的初步方案和前期的相关筹备事项。

其次是项目落地快。为了抓好项目的落实，B 集团领导和 Z 镇领导一起深入基地进行实地踏勘，召开户主会议进行宣传发动。建议召开了项目座谈会，2011

年4月1日下午，帮扶集团召开“无公害优质农产品配送中心建设工作”专题座谈会，B公司党委副书记汇报了“筹建Z镇无公害优质农产品配送中心”有关情况，市质监局、农业局、工商局、贸易局、交警支队、汽轮机公司等单位对筹建配送中心提出了很好的意见和建议，市纪委领导对该项工作提出了要求。通过这次会议争取到了市质监局、农业局、工商局等单位的支持和帮助，较好地推进了项目的落实。第一批蔬菜于3月底就已经播种，6月上旬就可以上市。

最后是资金到位快。2011年3月下旬，第一批30万元扶贫款就已打入Z镇扶贫资金专户，用于购置运输车辆、办公设备、种子、必要的检测设备和营业执照申领，做到有计划、有目标、有序地推进项目的实施。

该项目最终确定由市B集团会同Z镇党委、政府共同实施。2011年4月上旬，经过前阶段的实地考察、多方洽谈和协商，完成了项目实施方案，落实了办公场地，配备了办公家具、计算机、打印机、电话、传真机、磅秤等用品，农产品质量安全检测设备和厢式货车也配套到位，并且确定了“千岛湖”商标，落实了包装箱的设计和制造。为了确保农产品质量，Z镇党委政府同淳安县农业局协商，确定所有种子由县农业局种子公司统一供应。

三、项目实施方案内容——各参与方工作分工

实施方案重申了Z镇党委政府作为项目实施主体，杭州市B集团作为实施该项目的扶持单位。实施该项目的目标：争取在新一轮“联乡结村”帮扶中由“输血”逐步转化成“造血”功能，打造一个规模化、品牌化、正规化的Z无公害高山蔬菜基地，达到“富民强镇、富民强村”的目标。

项目实施方案包括四个方面的内容。第一个方面是项目实施的基本情况，介绍了项目的七项工作。①组建Z镇兴农果蔬专业合作社，作为农产品配送中心的实施单位，注册资金从原来的5万元变更为30万元。合作社单独建账，采取市场化运作模式，任命镇农科员为合作社负责人，外聘会计、出纳人员。②落实耕作基地，前期总面积约300亩，实行标准化生产，做到“五统一”（统一供种、统一农资、统一技术、统一培训、统一销售）。③可供的主要农产品。根据Z镇的地理环境和当地村民的种植（养殖）技术，初步确定了主要农产品。第一批蔬菜于2011年3月下旬播种，6月上旬上市。④办公场地和设备的购置。安排了办公场地、蔬菜临时收购场地，配备了办公设备、磅秤、厢式运输车和农产品质量安全检测设备。⑤品牌和包装。建议为“千岛湖”商标，制定生产标准，商标设计注册和包装箱、筐、袋的设计。⑥项目投资预测。第一年计划总投资83

万元。明确了项目由无公害优质农产品原料生产基地，采后处理、冷藏贮运、汽车配送和品牌营销市场网络三部分组成。⑦销售网点及销路问题。提出了销售渠道的目标：从长计议，待基地达到一定规模时，在杭州必须要进入大型超市、农贸市场、大型酒店，并有一个农副产品自营场所，集零售、仓库功能，主要经营以 Z 为主千岛湖农副产品。并设计了初期的销路解决方案：前两个月以帮扶集团成员单位及其下属企事业单位的食堂为主，待条件成熟，逐步向大型超市、农贸市场、大型酒店客户发展。并要求必须在 5 月份落实好供货的食堂，以解决 6 月上旬上市的第一批高山蔬菜的销售问题。

第二个方面是需要 B 集团帮助做好的工作。①2011 年 3 月底先投入前期启动资金 30 万元，2011 年全年将投入专项帮扶资金 50 万元。②协助 Z 镇和 Z 兴农果蔬专业合作社设立相应工作部门，细化工作方案，确定工作目标，配置相关工作人员，明确部门职能和各岗位职责。③会同有关单位帮助合作社配置好生产、办公、加工、检测、运输等设备。④协助 Z 镇做好无公害优质农产品的品牌及商标设计工作。⑤帮助 Z 镇做好包装用塑料筐（蓝）、纸箱、塑料袋的设计、定稿、定制工作。⑥做好 Z 无公害优质农产品生产、销售过程的宣传工作。⑦落实 B 集团系统大型企业食堂收购第一批（6 ~8 月份）无公害高山蔬菜。⑧考虑到 Z 距离杭州较远，运输和人力成本相对较高，蔬菜价格将高于杭州周边提供的价格，因此，要协助 Z 镇尽量控制好产品的品质和成本，以优质、无害来获取杭州市场的份额，做好此项惠农、惠民工程。

第三个方面是需要相关单位帮助解决的问题。提出了需要交警支队、工商局、质监局、农业局、农科所、贸易局、其他成员单位需要帮助解决的问题。①杭州交警支队需要开具运输蔬菜的厢式货车进杭通行证。②工商局帮助合作社变更营业执照和经营范围，帮助品牌商标注册。③质监局负责做好农产品的生产全程质量安全检测工作，确保产品符合国家卫生标准和食品安全标准。④农业局、农科所负责推荐优质品种的种子，提供必要的农资材料和优惠政策，对农技人员和农户进行技术培训、业务指导。⑤在生产达到规模化、正规化、品牌化后，需要贸易局帮助协调农产品进入超市、农贸市场、宾馆等进行直供。⑥其他成员单位，如汽轮集团，需要一起帮助解决无公害农产品的销路问题，特别是第一批上市的农产品销路问题。

第四个方面是 Z 镇政府重点做好的工作。Z 镇政府需要全面负责好项目的具体实施工作，充分发挥好合作社的作用，以“合作社 + 基地 + 农户”的农业产业化经营模式和现代化经营理念为宗旨，在各相关部门的帮助配合下，与农户建立起紧密的合作关系，保障项目的实施和可持续发展。①做好农户的组织和宣传发动工作，鼓励农户参与无公害农产品种植的积极性。②制定好奖扶政策，对合作社社员种植的山地蔬菜，给予种子、农药化肥等方面的优惠和补助、奖励，提高农户的积极性。③合作社运作要规范化管理，积极为农户提供优质服务，做好种子、农药化肥和农用物资的供应和技术培训工作。④尽快落实好加工厂场地、运输车辆购置、冷藏设施配置、专技和管理人员的配备工作。⑤做好合作社资金的变更和商标的设计注册工作。⑥抓紧落实外包装用塑料筐（蓝）、纸箱、塑料袋的定制和采购。⑦负责做好农产品到杭州的运输和各相关单位的联络工作。⑧与客户建立好良好的合作关系，及时了解掌握农产品的质量、品种的意见收集及改进工作。

四、项目实施过程

2011 年 4 月 28 日，B 集团有限公司党委副书记专程到 Z 镇实地指导察看市级帮扶项目“Z 镇高山蔬菜示范基地”的筹建工作进展情况，并就“Z 镇优质农产品配送中心”启动仪式与 Z 镇党委主要负责人进行商讨，就筹备工作明确了时间表，提出了要求。

5 月 6 日，市 B 集团有限公司组织人事部副部长来到 Z 镇查看高山蔬菜基地受灾及新品种种植情况。

5 月 11 日，市 B 集团有限公司党委副书记再次来到 Z 镇，实地察看高山蔬菜基地灾后重建工作和蔬菜生长情况。

5 月 12 日，市委领导在市纪委、B 集团等帮扶集团成员单位领导及杭州市农办领导和淳安县领导的陪同下，率新一轮“联乡结村”帮扶集团成员单位到 Z 镇调研、指导新一轮“联乡结村”工作。调研中，实地察看了无公害高山蔬菜基地并为 Z 镇新成立的优质农产品配送中心揭牌。

在 Z 镇的现场座谈会上，各帮扶单位代表纷纷表态，将尽力在资金上支持 Z 镇建设并就新一轮“联乡结村”活动献计献策。B 集团领导建议，不能只强调“造血”功能，要“输血”“造血”并重，并提出了帮扶资金的使用、监督问题；同时表态，会根据需要及时增加帮扶资金。质监局代表对茶叶的标准化、品牌化提出建议，并建议建设标准化示范点，实现八个统一，加强农产品的农药管理。市农办社会发展处、市联结办代表提出，帮扶资金等同于扶贫资金，要建立审计制度，进行绩效评估。市农办副主任认为，建立高山蔬菜基地条件比较艰苦，在全市 38 个帮扶集团中，Z 镇帮扶集团走在前列。为了帮助发展淳安县的高山蔬菜，市农办支持果蔬合作社启动基金 15 万元。市纪委副书记从理念、产业、项目、市场几个方面为 Z 镇的发展提出了建议。最后，市委领导进行了总结。

5 月 12 日，Z 镇“兴农果蔬专业合作社”暨“优质农产品配送中心”揭牌成立，200 余户农户成为合作社首批联结农户。6 月底，无公害高山蔬菜基地进入首个采割期，第一阶段种植的 200 亩蔬菜在杭州上市。B 集团已投入帮扶资金 50 万元，用于当地蔬菜基地和配送中心的建设。

6 月 9 日，B 集团有限公司组织人事部副部长率公司下属企业领导专程送市派农村工作指导员 × × 来到 Z 镇报到，并实地察看了高山蔬菜基地。

Z 镇高山蔬菜基地在 2011 年经受了多次大雨和山洪的考验，在 Z 镇技术人员的指导下，经过菜农的精心培管，茄子、辣椒、西红柿等高山蔬菜已于 6 月下旬上市，预计亩产值可达 4 000 余元。目前，被洪水冲毁的基地道路正在修复，预计 7 月底可竣工。基地上的排水灌溉设施已完成外业测量并预算，计划 8 月底建成并投入使用。

7 月 12 日，杭州市质监局机关党委、规划财务处、标准化处、标准化研究院的领导一行赴淳安 Z 镇，先后走访了 Z 的蔬菜基地及结对村。

8 ~ 9 月份，Z 镇果蔬专业合作社邀请市、县农业局专家来镇为菜农讲授蔬菜栽培与田间管理和病虫害防治技术、安全用药及科学施肥技术等方面的知识，同时邀请相关专家进行现场咨询，现场重点指导推广无公害蔬菜栽培技术。培训班共 2 期，受训 236 余人次，印发资料 300 份。

五、项目效果

据统计基础设施完成的规模为：新建机耕路硬化路面 900 米，宽 3 米；新建排灌水渠 1 517 米，宽 0. 4 × 0. 6 米；新建蓄水池 100 立方米；新建抗旱水池 2 只；新修石挡墙 360 米，总计投入资金 110 余万元。

蔬菜基地经济和社会效益均明显，2011 年共收购蔬菜 139 吨，销售产值 71. 2 万元，平均每亩产值 3 230 元，其中：四季豆 24 亩，总产量 18 吨，产值 7. 9 万元；辣椒 32 亩，产量 54. 4 吨，产值 22. 9 万元；茄子 26 亩，产量 36. 4 吨，产值 16 万元；薄瓜 21. 8 亩，产量 30. 5 吨，产值 10. 9 万元；黄瓜 4 亩，产量 6. 5 吨，产值 2. 8 万元；南瓜、西瓜 12. 7 亩，产量 19. 2 吨，产值 10. 7 万元，与实施前种粮相比增加每亩产值 1 600 元，为菜农增收 35 余万元。

六、项目存在问题

1. 基地基础设施建设较为薄弱，抗灾能力差。

2. 新技术推广有难度。由于有机肥没有及时施入土壤，导致肥力不足，第一批蔬菜偏硬，口感不是很好。新技术的推广需要农民群众的配合，但农民群众的自身文化水平和采纳新技术的意愿不高，需要给予物质刺激才参加技术培训，这给新技术的推广带来困难。

3. 合作社自身经营能力欠缺，市场开拓不力，导致销售环节受到限制。

4. 缺乏高山蔬菜产地交易平台，产销秩序较为混乱。这方面的问题在2011年冬季表现得比较明显，据合作社负责人介绍，大量的萝卜、青菜等高山蔬菜没有采收，一直留在地里。主要是因为市场售价偏低、运输成本较高，导致送到杭州的蔬菜销售收入只能弥补运输费用，合作社实际上没有任何收入，还有可能出现倒贴人工采收蔬菜、装车搬运费用的状况。因此，农产品的流通渠道建设是迫切需要解决的现实问题。

七、项目的后期发展

在2012年的结对帮扶中，当地镇政府把产业发展的重点放在红色旅游项目上，B集团不再参与高山蔬菜基地项目。2013年，当地镇政府把高山蔬菜基地承包给所在地的村委经营。

“四个一万工程”项目

一、项目背景

C 集团的“四个一万工程”项目是从“四个一百工程”“四个一千工程”项目发展而来，是指帮助 10 000 个残疾学生、10 000 个失学学生、10 000 个孤寡老人、10 000 个孤儿。从 2000 年开始，C 集团董事会主席 L 先生积极倡导，由 C 集团出资 1 000 万元人民币，在浙江省慈善总会设立“C 慈善基金”。2001 年 2 月 6 日，C 集团与浙江省慈善总会签署了“关于建立浙江省慈善总会 C 慈善基金”“四个一百工程”协议书，这标志着“C 慈善基金”的正式启动，同时也是浙江省慈善总会的首个企业冠名留本慈善基金。“C 慈善基金”本金由 C 集团运营，增值部分全部用于实施“四个一百工程”，即：帮助 100 个残疾学生、100 个失学学生、100 个孤寡老人、100 个孤儿。残疾学生、失学学生、孤儿的资助年限为 2001 年 1 月起至高中毕业；孤寡老人的资助年限为 2001 年 1 月至去世。年资助额约 60 余万元。萧山区、临安区、淳安县、桐庐县及丽水市莲都区的 400 名特困人员受到“C 慈善基金”的长期援助。

2006 年起，“四个一百工程”扩展为“四个一千工程”。资助范围和资助人数进一步扩大，覆盖了浙江省 11 个市 64 个县，2008 年实际资助已达 4 000 人（未包括已毕业停助的 596 人及省外尚在资助的 1 927 人）。2008 年“5・12”四川汶川地震后，提前实施“四个一万工程”，率先在四川、重庆、甘肃、陕西四个地震灾区资助 5 274 名孤儿、特困生、残疾儿童、孤老，为他们的学习和生活提供持续的资金支持。到 2010 年年底，C 集团“四个一万工程”累计资助人数 13 727 人。2011 年又在青海省、贵州省铜仁市、山西省等省（市）设立资助点，使资助范围覆盖全国 20 个省（市、自治区），受助人数增加到 19 234 人。

二、项目规划

2008 年，C 集团董事会主席 L 指示，“（浙江）省内各市（地区）都有我们（C 集团）的受助对象”，提前实现“四个一千工程”，并开始实施“四个一万工程”。工作目标是：从浙江省内各市都有受助对象，逐步扩大到全国各省都有受助对象。尤其是在“5・12”四川汶川地震后，率先在灾区每年出资 1 000 万元，资助4 000名孤儿、残疾儿童、特困生和孤老。2009年，“四个一万工程”支出达到2 000万元，计划从2011年起，每年增加1 000万元支出，2019年达到1亿元。

C集团对该项目中的受助个体资助力度作了四个方面的规划。①长期连续资助。无特殊变化，从小学一年级开始一直到大学毕业为止（孤老到去世）。②金额较高。2008年的资助标准为，孤儿、残疾儿童：小学生2 000元/年、初中生2 400元/年、高中生3 400元/年、大学生5 000元/年；特困生减半。如无特殊变化，一直资助到大学毕业为止。据此计算，一个受助生如从小学开始到大学毕业，总额可接近50 000元。孤老则按1 800元/年直至养老送终。③没有任何附带条件。受助条件比较宽松，强调以贫困为准，对成绩、品德、表现不提任何先决条件，也不要求回报。还为每一个受助者建立档案，跟踪记录成长情况。④受助生毕业后如找不到工作，又愿意来C集团服务的，若符合条件，将优先录用。⑤不重复资助。凡是别单位（人）已在资助的，不再重复资助。

对具体的申报、资助流程作了如下设计。通过各县慈善总会申报，由各乡镇民政助理员或学校办理，也可以个人申报或村里推荐填报，经乡镇审查盖章、县级慈善总会核实，C慈善基金会确认，报省慈总备案。每年分两期通过县、乡镇、行政村或教育系统发放到个人，受助者拿到钱后写一个签名收据，由各慈总反馈给C慈善基金会。受助第二年开始，如受助生升入高中或大学，要提高资助标准，县级慈总向受助生收取录取通知书复印件，寄至C慈善基金会以资证明，防止停学也资助。受助者家庭经济情况好转或本人死亡，应中止资助，由县慈总换人，另填审批表申报。

三、项目实施

C集团从事慈善工作的指导思想是以“财散则人聚，财聚则人散”，“取之而有道，用之而欢乐”的企业理念，扶助弱势群体。为使孤有所托，残有所靠，难有所帮，老有所养尽一份爱心，为社会和谐出一点力量。C集团设立了专门的组织机构，负责企业的慈善事业，制定了《C慈善工作条例》，明确规定了慈善工作人员的职责，通过与各地民政、慈善总会、教育部门的合作，积极实施“四个一万工程”项目。

1. 项目组织机构。

建立C慈善基金会（筹），设立秘书处，配备了3名专职人员，做到每周、每月、每年都有工作计划、总结，使工作都能落实。

2. 专职人员工作职责。

C 集团制定了《C 慈善工作条例》，明确规定了慈善工作专职人员的职责。

（1）受助对象主要是孤儿、残疾儿童、特困生、孤老申报；程序为镇民政助理员申报，县慈总审核，C 慈善基金会调查确认，报省慈总备案有效。凡是别单位（人）已在资助的，不再重复资助。

（2）调查中发现与申报类型不符，条件不具备的，基金会应要求更换或取消资格。

（3）对受助者每个人（家庭）要进行走访，拍照、记录，对受助生作慰问鼓励。

（4）做好建档工作，对资助对象做到一人一档，为每个受助生建立档案，把审批表、累计资助款、来往信件、升学证明等资料及毕业后工作情况都装入档案袋；对资助学校做到一校一档，详细记载资助学校的助学款，来往信件，创名校、争名师的情况。

（5）已毕业的救助对象，符合招工条件、本人愿意来 C 集团服务的，同等适用条件下优先录用。

……

（12）受助生助学金、教师的奖教金，节日慰问费，收到后要在收据（回执）上签名，然后寄给基金会作凭证、存档。

（13）对受助者、求助者的来信，应每封必复，平时不超过一周，寒暑假不超过半个月；对大批信件集中寄的也不超过一个月。

（14）对社会求助者来信应分析情况，对是否符合资助条件要及时作深入调查，作出判断，并提出处理意见。

（15）做好基础工作，表册、通信联络、开户银行等台账都应及时更换补充，使其完整。

（16）为搞好工作，秘书处每周、每月、每年都应该制定出具体计划。做好总结。

3. 外部合作。

项目的实施主要通过与各地慈善总会的合作进行，通过各地区的慈善总会组织，收集需要帮助人员的信息，确定需要帮助的对象，以及举行首次助学款发放仪式、回收款项收据等。C 集团与各省（直辖市）的慈善总会签订合作协议，由各县级慈善总会具体收集需要受助人员信息，最后在省级慈善总会备案。资助款直接汇给各县级慈善总会代为发放，并寄回收款回执。

根据C集团提供的材料，在2008年启动“四个一万工程”项目时，开展了下列工作：①专程赴北京中华慈善总会联络开展“四个一万工程”的有关事宜；②制定在地震灾区启动C“四个一万工程”资助方案，向四川、重庆、甘肃、陕西省等地震灾害受损严重的省市慈总发了函、寄表册，准备启动“四个一万工程”；③赴重庆市慈善总会落实“四个一万工程”新设受助点，召开了大足县、江津区、铜梁县慈善总会负责人会议，商讨资助标准、方案及具体操作办法等，而后又分别赴重庆市涪陵区、黔江区、酉阳县教委，召开会议商讨资助方案，落实受助标准。

2009年，落实了新受助点，赴四川省、陕西省、甘肃省、重庆市慈善总会，分别召开了省（市）所属有关市慈总分管领导和具体操办人工作会议，向他们介绍企业及实施“四个一万工程”的由来、目的和具体做法，商讨资助标准及操作步骤，落实县（区）一级受助点。

2010年，秘书处人员赴安徽省、黑龙江省、吉林省、湖北省、江苏省、河北省、河南省、江西省、海南省、广西壮族自治区31个县（市区），召开了县（市区）所属有关慈总分管领导和具体操办人工作会议。向他们介绍企业、慈善工作及关于C“四个一万工程”2010年新设资助点实施计划，商讨资助标准及操作步骤，落实县（市区）一级受助点。2011年，继续到山西省左权县、贵州省铜仁市等地走访，召开慈总分管领导和具体操办人工作会议，介绍企业、慈善工作及关于C“四个一万工程”2011年新设资助点实施计划，商讨资助标准及操作步骤，落实县（市区）一级受助点。

2012年，“四个一万工程”资助范围持续扩大，覆盖青海省、贵州省、广西壮族自治区等20个省（市、自治区）、210个县、区，累计受助人数超过25 000人，全年仅资助金支出就超过2 900万元。

2016年，“四个一万工程”已覆盖全国21个省（市、自治区）、213个县区，累计受助人数达到41 933人，当年捐资超过4 680万元。

4. 领导重视。

慈善工作是董事会主席直接管的，每周、每月、每年都有计划、经费预算及工作总结，都要递交主席、总裁审阅；出差汇报、调查材料、慈善资助都要向他们请示汇报的，他们对慈善工作都很重视。在2011年制定的目标是到2019年C集团每年出资到达到1亿元，然后再向第三世界进军。2017年，受经济发展环境和形势的影响，C集团决定，对“四个一万工程”的捐资稳定在2016年的资助水平。

网络慈善平台项目

一、项目背景

D 企业成立于 2004 年，是金华市一家专业提供电子商务研发和技术服务的高新技术企业，也是目前国内业务规模大、运营规范的网络游戏专业服务提供商（game service provider，GSP）。D 企业运营着一个国内比较知名的 C2C 网游文化数字电子商务交易服务平台，主要提供寄售交易、担保交易、求购交易、点卡交易等多种交易服务，同时还提供网站平台软件的技术开发服务。D 企业成立后，发展非常快速，被认定为国家规划布局内重点软件企业，并荣获了中国软件服务企业信用评价 2A 企业、浙江省高新技术百强企业、浙江省最佳创新软件企业、浙江省转型升级引领示范企业、浙江省纳税大户等称号。随着企业运营网站上 C2C 业务的快速发展、国内 C2C 业务环境的逐渐成熟，以及 D 企业参与几次慈善活动感觉很累的亲身体验，使企业高管产生了一个灵感：能不能让人们足不出户就可以捐助他人？经过从开发系统、构建网站到测速上线，3～4 个月的准备，2007 年 4 月 28 日，D 企业利用自身的网络平台优势，借鉴 C2C 理念，创立了网络慈善平台，由企业高管的亲属叶××担任法人代表。当时取名叫"乐施会①"，开展服务职工、服务社会、扶贫济困爱心活动，并配备了包括主管、客服人员、技术维护人员和财务人员的运营团队。

二、项目规划

奋斗目标：构建全球首家透明化网络爱心互助平台。

服务理念：慈善互助、行善无忧②。

用户承诺：确保每笔善款"公开！透明！直接！即时！全额！"到达受助人手中。

服务流程：首先，需要资助者在平台上注册并向客服人员提供求助信息和证明材料，客服人员审核通过后在平台上发布求助信息；其次，行善者需要在平台上注册并充值，然后向求助人捐款；最后，捐款达到需要的金额后，受助人从平

① 当时国际上已有一家著名的非营利组织，也叫乐施会，在香港有分支机构。

② 后来更改为：日行一善人人可为。

台提现，善款转入受助人银行账号。

三、项目发展

2007 年 4 月 28 日，网络慈善平台成立，当年被网民在本地论坛上评为金华市“十大新闻笑话”之一。

2008 年，汶川地震发生后，香港“乐施会”警告名称侵权，要求改名。并由于在网站上进行公开募捐活动，受到相关政府部门的禁止，只允许开展私募活动。

2009 年 5 月经批准设立金华市慈善总会 SL 会分会。

2010 年 7 月，网络平台加强了内部管理和业务精细化工作，发展进入快速通道，图 1 是截至不同日期的捐款总额，可以看出 2010 年 7 月以后的明显变化。

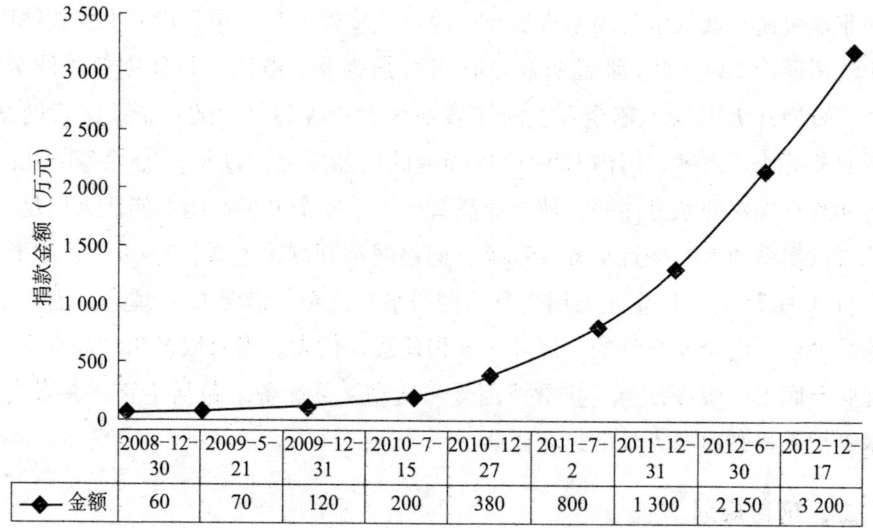

	2008-12-30	2009-5-21	2009-12-31	2010-7-15	2010-12-27	2011-7-2	2011-12-31	2012-6-30	2012-12-17
金额	60	70	120	200	380	800	1 300	2 150	3 200

图 1　截至不同日期的网络慈善平台累计捐款金额

据慈善平台负责人介绍，从 2007 年 4 月 28 日成立至 2008 年底，在网络平台上共实现捐款约 60 万元；2009 年全年也是 60 万元；2010 年 269 万元；2011 年 900 多万元；2012 年 1 900 多万元。网络慈善平台的作用日益显现。

网络慈善平台的员工数从最初的 4 人、2011 年上半年的 9 人增长到 2012 年上半年的 12 人，D 企业对网络慈善平台的资助从最初的每年 10 万元、2010 年 40 万元增加到 2012 年 60 万元①。

① 新华网浙江频道，http：//www. zj. xinhuanet. com/newscenter/2012-08/27/c_ 112852148. htm，2012 年 8 月 27 日；作者 2011 年 4 月访谈时，平台负责人提供的数据为 9 人 40 万元。

2012 年 8 月，网络慈善平台遭遇信任危机，因采用“有偿社工”模式受到部分网民的质疑，对“有偿社工”的动机以及受助对象的信息真实性产生怀疑[①]。同时，也有支持 SL 会的社工和受助人对质疑者进行了辩驳。8 月底，网络慈善平台对“提成门”质疑作出正式回应，并通过媒体对网友的质疑进行了解释，呼吁网友“请深入了解、勿断章取义”，共同关注慈善事业和困难人群，并采纳了部分网友的建议，改进了募捐和捐赠的部分工作环节。在金华市慈善总会和当地政府部门的支持下，网友的质疑很快得到平息，网络慈善平台快速发展，2013 年底的累计捐赠金额达到 6 100 万元。

2013 年 6 月，正当该网络慈善平台快速发展时，叶 × × 老人去世，再加上经济不景气，10 月 D 企业决定停止对该平台运营经费的支持。该平台只能自己想办法筹钱维持网站运营和推广，也包括人员工资、场地租金、水电气费等。2014 年 11 月，该平台因收取“置顶费”再次遭受网络质疑。[②] 2015 年 5 月，与金华市慈善总会脱离关系，失去公募权。

---

① 2012 年 8 月 6 日，羊城晚报刊发《浙江一慈善平台社工募捐可从善款中提成引质疑》一文，引发多家媒体关注。

② 施乐会“置顶费”事件还原——公益时报网，http：//www. gongyishibao. com/html/gongyizixun/7279. html。

参考文献

[1] Alixgarcia J. M., Mcintosh C., Sims K. R. E., et al. The Ecological Footprint of Poverty Alleviation: Evidence from Mexico's Oportunidades Program. Social Science Electronic Publishing, 2010, 95 (2): 417-435.

[2] Andersson U., Forsgren M., Holm U. The Strategic Impact of External Networks: Subsidiary Performance and Competence Development in the Multinational Corporation. Strategic Management Journal, 2002, 23 (11): 979-996.

[3] Austin J. The Collaboration Challenge: How Nonprofits and Businesses Succeed Through Strategic Alliances. San Francisco: Jossey-Bass Publishers, 2000.

[4] Bandara B., Hwang H. C. Analysis of the Socioeconomic Conditions and Satisfaction Level of Beneficiaries of the Samurdhi Poverty Alleviation Program in Sri Lanka. Journal of Korean Society of Rural Planning, 2013, 19 (4): 261-268.

[5] Baum W., Tolbert S. Investing in Development: Lessons of World Bank Experience, London and New York: Oxford University Press/World Bank, 1985.

[6] Bhattacharya C. B., Smith N. C., Vogel D. Integrating Social Responsibility and Marketing Strategy: An Introduction. California Management Review, 2004, 47 (1): 5-8.

[7] Blackman D. A., Kennedy M., Ali Quazi A. Corporate Social Responsibility and Individual Resistance: Learning as the Missing Link in Implementation. Management Learning, 2013, 44 (3): 215-236.

[8] Boaduo A. P. Psychological Implications of Participatory Community Development Projects and their Relevance for Poverty Alleviation in Rural Communities in Africa. Journal of Psychology in Africa, 2010, 20 (2): 209-210.

[9] Burt R. S. Structural Holes: The Social Structure of Competition. Cambridge, MA: Harvard University Press, 1992: 195-197.

[10] Carroll A. B. Corporate Social Responsibility: Evolution of A Definitional Construct. Business & Society, 1999, 38 (3): 268-285.

[11] Carroll A. B. The Pyramid of Corporate Social Responsibility: Toward the Moral Management of Organizational Stakeholders. Business Horizons, 1991, 34 (4): 39-48.

[12] Carroll A. B. A Three-Dimensional conceptual Model of Corporate Performance. Academy of Management Review, 1979, 4 (4): 497 -505.

[13] Christian Aid. Behind the Mask: the Real Face of Corporate Social Responsibility. January 21, 2004, http: //www. christianaid. org. uk.

[14] Christian A. , Hemingway W. , Maclagan W. . Managers' Personal Values as Drivers of Corporate Social Responsibility. Journal of Business Ethics, 2004, 50 (1): 33 -44.

[15] Clarkson, M. E. A Stakeholder Framework for Analyzing and Evaluating Corporate Social Performance. Academy of Management Review, 1995, 20 (1): 92 -117.

[16] Cochran, P. , Wood R. Corporate Social Responsibility and Financial Performance. The Academy of Management Journal, 1984, 27 (1): 42 -56.

[17] Coleman J. S. Introducing Social Structure into Economic Analysis. The American Economic Review, 1984, 74 (2): 84 -88.

[18] Corbin J. , Strauss A. Basics of Qualitative Research: Techniques and Procedures for Developing Grounded Theory. Sage Publications, 2015.

[19] Covey, J. , Brown L. D. Critical Co-Operation: An Alterative Form of Civil Society-Business Engagement (IDR Reports) . 2001, 17 (1) . Institute for Development Research (Boston, Mass) .

[20] Cramer J. Experiences with Structuring Corporate Social Responsibility in Dutch Industry. Journal of Clearer Production, 2005, 13 (6): 583 -592.

[21] Creed S. J. Subcontractor Evaluation and Management Framework for Strategic Partnering. Journal of Construction Engineering & Management, 2008, 134 (11): 842 -851.

[22] Creswell J. W. Research Design: Qualitative, Quantitative and Mixed Methods Approaches. Thousand Oaks, California: Sage Publication, 2003: 211 -213.

[23] Davis G. Comments on "Evaluating the Effectiveness of Poverty Alleviation Programs" by Squire// Picciotto R, Rist R. C. Evaluation and Development: Proceedings of the 1994 World Bank Conference. World Bank, 1995.

[24] Doane D. The Myth of CSR: the Problem with Assuming that Companies Can Do Well Also Doing Good is that Markets Do not Really Work That Way. Stanford Social Innovations Review, Fall, 2005: 23 -29.

[25] Donaldson T. , Preston L. The Stakeholder Theory of the Corporation: Concepts, Evidence, and Implications. Academy of Management Review, 1995, 20 (1): 65 -91.

[26] Duan W, Lang Z, Wen Y. The Effects of the Sloping Land Conversion Program on Poverty Alleviation in the Wuling Mountainous Area of China. Small-scale Forestry, 2015 (14): 331 -350.

[27] Dyer J. H. , Singe H. The relational View: Cooperative Strategy and Sources of Inter-organizational Competitive advantage. Academy of Management Review, 1998, 23 (4): 660 -670.

[28] Egels-Zandén N, Kallifatides M. The UN Global Compact and the Enlightenment Tradition: A Rural Electrification Project under the Aegis of the UN Global Compact. Corporate Social Responsibility and Environmental Management, 2009, 16 (5): 264 - 277.

[29] Eisenhardt K. M. Building Theories from Case Study Research. Academy of Management Review, 1989, 14 (4): 532 - 550.

[30] Fixsen D. L., Naoom S. F., Blase K. A., et al. Implementation Research: A Synthesis of the Literature, University of South Florida, Louis de la Parte Florida Mental Health Institute, The National Implementation Research Network (FMHI Publication #231), 2005: 4 - 5.

[31] Freeman L. C. Centrality in Social Networks: Conceptual Clarification. Social Network, 1979, 1 (3): 215 - 239.

[32] Freeman R. E. Strategic Management: A Stakeholder Approach. Boston, MA: Pitman, 1984.

[33] Glaser B. G., Strauss A. L. The Discovery of Grounded Theory: Strategies for Qualitative Research, Aldine Publishing Company, 1967.

[34] Graafland J, Zhang L. Corporate Social Responsibility in China: Implementation and Challenges. Business Ethics: A European Review, 2014, 23 (1): 34 - 49.

[35] Granovetter M. S. Economic Action and Social Structure: the Problem of Embeddedness. American Journal of Sociology, 1985, 91 (3): 481 - 510.

[36] Greening, D. W., Gray B. Testing a model of organizational response to social and political issues. Academy of Management Journal, 1994, 37 (3): 467 - 498.

[37] Hansen M. T., Podolny J. M. and Pfeffer J. So Many Ties, So Little Time: ATask Contingency Perspective on Corporate Social Capital. Research in the Sociology of Organizations, 2001 (8): 21 - 57.

[38] Halinen A, Törnroos J Å. The Role of Embeddedness in the Evolution of Business Networks. Scandinavian Journal of Management, 1998, 14 (3): 187 - 205.

[39] Homburg C., Stierl M., Bornemann T. Corporate Social Responsibility in Business-to-Business Markets: How Organizational Customers Account for Supplier Corporate Social Responsibility Engagement. Journal of Marketing, 2013, 77 (6): 54 - 72.

[40] JacquelineJ., Logsdon J., Thompson J. Collaboration for Social Problem Solving: A Project Model. Business & Society, 1993, 32 (1): 1 - 17.

[41] Imai, K. S., Sato T. Decentralization, Democracy and Allocation of Poverty Alleviation Programmes in Rural India. European Journal of Development Research, 2012, 24 (1): 125 - 143.

[42] Jalal C. S., Frongillo E. A., Warren A. M. Food Insecurity Mediates the Effect of a Poverty-Alleviation Program on Psychosocial Health among the Ultra-Poor in Bangladesh. Journal of Nutrition, 2015, 145 (8): 1934 - 1941.

[43] Jamali D. The Case for Strategic Corporate Social Responsibility in Developing Countries. Business and Society Review, 2007, 112 (1): 1 –27.

[44] Jamali D., Keshishian T. Uneasy alliances: lessons learned from partnerships between businessesand NGOs in the context of CSR. Journal of Business Ethics, 2009, 84 (2): 277 –295.

[45] Jones T. M. Instrumental Stakeholder Theory: A Synthesis of Ethics and Economics. Academy of Management Review, 1995, 20 (2): 404 –437.

[46] Jonker J, Nijhof A. Looking Through the Eyes of Others: assessing mutual expectations and experiences in order to shape dialogue and collaboration between business and NGOs with respect to CSR. Corporate Governance: An International Review, 2006, 14 (5): 456 –466.

[47] Kaushal K. K., Melkani V. K., Kala J. C.. Sustainable Poverty Alleviation through a Forestry Project in Tamilnadu State of India. International Journal of Sustainable Development & World Ecology, 2005, 12 (3): 347 –352.

[48] Khanna M., Kochhar N., Palaniswamy N. A Retrospective Impact Evaluation of the Tamil Nadu Empowerment and Poverty Alleviation (Pudhu Vaazhvu) Project. Journal of Development Studies, 2015, 51 (9): 1210 –1223.

[49] Khoo H. H., Tan D. K. C. Using the Australian Business Excellence Framework to Achieve Sustainable Business Excellence. Corporate Social Responsibility & Environmental Management. 2002, 9 (4): 196 –205.

[50] Klerkx L., Villalobos P., Engler A. Variation in Implementation of Corporate Social Responsibility Practices in Emerging Economies' Firms: A Survey of Chilean Fruit Exporters. Natural Resources Forum, 2012, 36 (2): 88 –100.

[51] Kyte R., Stiglitz J. Looking for the Global Drivers of Materiality in Corporate Social Responsibility. American University International Law Review, 2008, 23 (3): 451 –558.

[52] Lantos G. P. The Boundaries of Strategic Corporate Social Responsibility. Journal of Consumer Marketing, 2001, 18 (7): 595 –630.

[53] Lindgreen A., Swaen V., Maon F. Introduction: Corporate Social Responsibility Implementation. Journal of Business Ethics, 2009, 85, Supplement 2: 251 –256.

[54] Logan B. I., Moseley W. G. The Political Ecology of Poverty Alleviation in Zimbabwe's Communal Areas Management Programme for Indigenous Resources (CAMPFIRE). Geoforum, 2002, 33 (1): 1 –14.

[55] Logsdon J. M. Interests and Interdepence in the Formation of Social Problem-Solving Collaborations. Journal of Applied Behavioral Science, 1991, 27 (1): 23 –37.

[56] Maignan I., Ferrell O. C., Ferrell L. A Stakeholder Model for Implementing Social Responsibility in Marketing. European Journal of Marketing, 2005, 39 (9/10), 956 –977.

[57] Maon F., Lindgreen A., Swaen V. Designing and Implementing Corporate Social Responsibili-

ty: An Integrative Framework Grounded in Theory and Practice. Journal of Business Ethics, 2009, (87): 71 – 89.

[58] Mayne J., Zapico-Goni E. Monitoring Performance in the Public Sector. Transaction Publishers, New Brunswick, New Jersey. 1997: 253 – 275.

[59] McCann J. E. Design Guidelines for Social Problem-Solving Interventions. The Journal of Applied Behavioural Science, 1983, 19 (2): 177 – 189.

[60] McEvily B., Zaheer A. Bridging Ties: A Source of Firm Heterogeneity in Competitive Capabilities. Strategic Management Journal, 1999, 20 (12): 1133 – 1156.

[61] Mcwilliams A., Siegel D. S. Creating and Capturing Value: Strategic Corporate Social Responsibility, Resource-Based Theory, and Sustainable Competitive Advantage. Journal of Management, 2011, 37 (5): 1480 – 1495.

[62] Metz A., Bartley L. Active Implementation Frameworks for Program Success: How to Use Implementation Science to Improve Outcomes for Children. Zero to Three, 2012 (32): 11 – 18.

[63] Mokgadi J. F., Oladele O. I. Factors Affecting Sustainability of Agricultural Projects on Poverty Alleviation in Gauteng Province of South Africa. Journal of Food, Agriculture & Environment, 2013, 11 (2): 1078 – 1086.

[64] Moon J. The Social Responsibility of Business and New Governance. Government and Opposition, 2002, 37 (3): 385 – 408.

[65] Nijhof A., Bruijn T. D., Honders H. Partnerships for Corporate Social Responsibility: A Review of Concepts and Strategic Options. Management Decision, 2008, 46 (1): 152 – 167.

[66] Panapanaan V. M., Linnanen L., Karvonen M. M., et al. Roadmapping Corporate Social Responsibility in Finnish Companies. Journal of Business Ethics, 2003, 44 (2): 133 – 146.

[67] Panda S. Political Connections and Elite Capture in a Poverty Alleviation Programme in India. Journal of Development Studies, 2015, 51 (1): 50 – 65.

[68] Pava M., Krauzz J. The Association Between CSR and Financial Performance. Journal of Business Ethics, 1996, 15 (3): 321 – 357.

[69] Perrini F., Russo A. et al. Deconstructing the Relationship Between Corporate Social and Financial Performance. Journal of Business Ethics, 2011 (102): 59 – 76.

[70] Pomering A., Dolnicar S. Assessing the Prerequisite of Successful CSR Implementation: Are Consumers Aware of CSR Initiatives. Journal of Business Ethics, 2009, 85 (2): 285 – 301.

[71] Powell W. W., Koput K. W., Smith-Doerr L. Interorganizational Collaboration and the Locus of Innovation: Networks of Learning in Biotechnology. Administrative Science Quarterly, 1996, 41 (1): 116 – 145.

[72] Risso M. AHorizontal Approach to Implementing Corporate Social Responsibility in International Supply Chains. International Journal of Technology Management, 2012, 58 (1/2): 64 – 82.

[73] Rodrigo P., Arenas D. Do Employees Care About CSR Programs? A Typology of Emplyees According to their Attitudes. Journal of Business Ethics, 2008, 83 (2): 265 –283.

[74] Ruggie J. G. Reconstructing the Global Public Domain-Issues, Actors, and Practices. European Journal of International Relations, 2004, 10 (4): 499 –533.

[75] Samii R., Wassenhove L. N. V., Bhattacharya S. An Innovative Public-Private Partnership: New Approach to Development. World Development, 2002, 30 (6): 991 –1008.

[76] Schatzman L., Strauss A. Field Research: Strategies for a Natural Sociology. Englewood Cliffs, NJ: Prentice Hall, 1973: 149.

[77] Seitanidi M. M., Crane A. Implementing CSR Through Partnerships: Understanding the Selection, Design and Institutionalisation of Nonprofit-Business Partnerships. Journal of Business Ethics, 2009 (85): 413 –429.

[78] Selsky J. W., Parker B. Cross-Sector Partnerships to Address Social Issues: Challenges to Theory and Practice. Journal of Management, 2005, 31 (6): 849 –873.

[79] Shuai C., Li Z., Sun R. IFAD Projects: Results and Impact on Poverty Reduction in Rural China. Outlook on Agriculture, 2011, 40: 329 –336.

[80] Swanson D. Toward an Integrative Theory of Business and Society: A Research Strategy Firm Corporate Social Performance. The Academy of Management Review, 1999, 3: 506 –519.

[81] Tang Z., Hull C. E., Rothenberg S. How Corporate Social Responsibility Engagement Strategy Moderates the CSR-Financial Performance Relationship. Journal of Management Studies, 2012, 49 (7): 1274 –1303.

[82] Ugoh S. C., Ukpere W. I. Appraising the Trend of Policy on Poverty Alleviation Programmes in Nigeria with Emphasis on a National Poverty Eradication Programme (NAPEP). African Journal of Business Management, 2009, 3 (12): 847 –854.

[83] Uzzi B. The sources and consequences of embeddedness for the economic performance of organizations: the network effect. American Sociological Review, 1996, 61: 674 –698.

[84] Waddock S. A. Building Successful Partnerships. Sloan Management Review, 1988, Summer: 17 –23.

[85] Waddock S. A. Understanding Social Partnerships An Evolutionary Model of Partnership Organisations. Administration & Society, 1989, 21 (1): 78 –100.

[86] Walters G, Anagnostopoulos C. Implementing Corporate Social Responsibility through Social Partnerships. Business Ethics: A European Review, 2012, 21 (4): 417 –433.

[87] Wartick S. L., Cochran P. L. The Evolution of the Corporate Social Performance Model. Academy of Management Review, 1985, 10 (4): 758 –769.

[88] Wasserman S., Faust K. Social Network Analysis: Methods and Applications, Cambridge University Press, 1994.

[89] Were M. Implementing Corporate Responsibility-the Chiquita Case. Journal of Business Ethics, 2003, 44 (2~3): 247-260.

[90] Werner W. J. Corporate Social Responsibility Initiatives Addressing Social Exclusion in Bangladesh. Journal of Health, Population and Nutrition, 2009, 27 (4): 545-562.

[91] Westley F., Vredenburg H. Interorganizational collaboration and the preservation of global biodiversity. Organization Science, 1997, 8 (4): 381-403.

[92] Wilburn K. A Model for Partnering with Not-for-Profits to Develop Socially Responsible Businesses in a Global Environment. Journal of Business Ethics, 2009, 85: 111-120.

[93] Wood D. J. Corporate Social Performance Revisited. The Academy of Management Review, 1991, 16 (4): 691-718.

[94] Wood D. J. and R. E. Jones. Stakeholder Mismatching: A Theoretical Problem in Empirical Research on Corporate Social Performance. International Journal of Organizational Analysis, 1995, 3 (3): 229-267.

[95] Yahie A. M. Adapting the Project Cycle to the Special Characteristics of Poverty Alleviation Projects // Bamberger M., Yahie A. M., Matovu G. The Design and Management of Poverty Reduction Programs and Projects in Anglophone Africa, World Bank, 1996.

[96] Yesudian C. A. K. Poverty Alleviation Programmes in India: A Social Audit. Indian Journal of Medical Research, 2007, 126 (4): 364-373.

[97] Yin R. Case Study Research: Design and Methods (2nd Edition). Thousand Oaks: Sage Publications, 1994: 18-38.

[98] Zaheer A., Bell G. G. Benefiting from Network Position: Firm Capabilities, Structural holes, and Performance. Strategic Management Journal, 2005, 26 (9): 809-825.

[99] Zukin S, DiMaggio P. Structures of Capital: The Social Organization of the Economy. Cambridge, Cambridge University Press, 1990.

[100] 边燕杰，丘海雄．企业的社会资本及其功效［J］．中国社会科学，2000 (2)：87-99.

[101] 边燕杰．网络脱生：创业过程的社会学分析［J］．社会学研究，2006 (6)：74-88.

[102] 晁罡，袁品，段义，程宇宏．企业领导人社会责任取向、企业社会表现与组织绩效的关系［J］．管理学报，2008 (3)：445-452.

[103] 陈锋．企业社会责任与减缓贫困［D］．中国社会科学院研究生院博士学位论文，2010：110-126.

[104] 陈宏辉，贾生华．企业社会责任观的演进与发展：基于综合社会契约观的理解［J］．中国工业经济，2003 (12)：85-92.

[105] 陈可，李善同．企业社会责任对财务绩效的影响：关键要素视角［J］．统计研究，2010 (7)：105-111.

[106] 陈美招，杨罗观翠．理性选择与贫困缓解——基于国际 NGO 教育扶贫行为的分析

[J]．福建师范大学学报（哲学社会科学版），2008（2）：157－161，172.

[107] 陈为雷．从关系研究到行动策略研究——近年来我国非营利组织研究述评［J］．社会学研究，2013（1）：228－240.

[108] 陈为雷．政府和非营利组织项目运作机制、策略和逻辑——对政府购买社会工作服务项目的社会学分析［J］．公共管理学报，2014（3）：93－105.

[109] 邓国胜．公益项目评估——以“幸福工程”为案例［M］．北京：社会科学文献出版社，2003：12－16.

[110] 邓国胜．非营利组织“APC”评估理论［J］．中国行政管理，2004（10）：33－37.

[111] 董伊人．企业社会责任对消费者忠诚的影响：自我建构与信息属性的交互作用［J］．南京社会科学，2010（5）：27－34.

[112] 杜旻．NGO扶贫项目中的管理问题对实施效果的影响——对宁夏泾源项目的调查[J]．开发研究，2006（6）：19－22.

[113] 杜中臣．企业社会责任及其实现方式[J]．中国人民大学学报，2005（4）：33－36.

[114] 范斌．论当代中国民间慈善活动的三种实现方式[J]．华东理工大学学报（社会科学版），2005（4）：14－20.

[115] 方巍，张晖，何铨．社会福利项目管理与评估［M］．北京：中国社会科学出版社，2010：224－226.

[116] 费显政，李陈微，周舒华．一损俱损还是因祸得福？——企业社会责任声誉溢出效应研究[J]．管理世界，2010（4）：74－82.

[117] 高尚全．企业社会责任和法人治理结构[J]．中国集体经济，2005（1）：6－7.

[118] 郭沛源，于永达．公私合作实践企业社会责任——以光彩事业扶贫项目为例[J]．管理世界，2006（4）：41－49.

[119] 郭占锋．被动性入场与依附性运作：对一个国际NGO在中国工作过程的社会学分析［J］．中国农业大学学报（社会科学版），2012（1）：52－60.

[120] 韩俊魁．境外在华扶贫类NGO的典型案例：世界宣明会永胜项目十年[J]．学会，2006（11）：7－10.

[121] 黄承伟，蔡葵．贫困村基层组织参与扶贫开发——国际非政府组织的经验及其启示［J］．贵州农业科学，2004，32（4）：74－76.

[122] 黄春蕾，呼延钦．非政府组织的扶贫机制及其政策启示——基于宁夏扶贫与环境改造中心的研究[J]．经济与管理研究，2009（10）：122－128.

[123] 黄中伟，王宇露．关于经济行为的社会嵌入理论研究述评[J]．外国经济与管理，2007（12）：1－8.

[124] 贾生华，郑海东．企业社会责任：从单一视角到协同视角[J]．浙江大学学报，2007（2）：79－87.

[125] 金立印．消费者企业认同感对产品评价及行为意向的影响[J]．南开管理评论，2006

(3)：16－21.

[126] 鞠芳辉，谢子远，宝贡敏．企业社会责任的实现：基于消费者选择的分析[J]．中国工业经济，2005（9）：91－98.

[127] 卡麦兹·凯西．建构扎根理论：质性研究实践指南（中译本）[M]．重庆：重庆大学出版社，2009.

[128] 科特勒·菲利普，李·南希．企业的社会责任[M]．北京：机械工业出版社，2006.

[129] 孔祥利，邓国胜．公益慈善组织参与扶贫：制度困境与发展建议[J]．新视野，2013(1)：74－78.

[130] 匡远配．中国民间组织参与扶贫开发：现状以及发展方向[J]．贵州社会科学，2010(6)：82－88.

[131] 兰建平，苗文斌．嵌入性理论研究综述[J]．技术经济，2009（1）：104－108.

[132] 李高勇，毛基业．案例选择与研究策略——中国企业管理案例与质性研究论坛（2014）综述[J]．管理世界，2015（2）：133－136.

[133] 李青青．非政府组织在农村扶贫中的功能和作用[J]．天中学刊，2011，26（6）：45－48.

[134] 李维安．企业社会责任：从理念到实践[J]．南开管理评论，2007（1）：1－2.

[135] 李正．企业社会责任与企业价值的相关性研究[J]．中国工业经济，2006（2）：77－83.

[136] 刘军．整体网分析讲义：UCINET软件实用指南[M]．上海：格致出版社，2009：100，191－199.

[137] 李诗扬．中国官办NGO：和而不同[J]．学海，2003（1）：91－97.

[138] 李涛．中印非政府组织（NGOs）及其在扶贫开发中的作用研究[J]．亚太经济，2007(1)：56－61.

[139] 刘源．精准扶贫视野下的国际非政府组织与中国减贫：以乐施会为例[J]．中国农业大学学报（社会科学版），2016，33（5）：99－108.

[140] 刘智勇．柔性组织网络建构：基于政府、企业、NPO、市民合作的公共服务供给机制创新研究[J]．公共管理研究，2008（6）：165－177.

[141] 罗家德．社会网分析讲义[M]．北京：社会科学文献出版社，2010：187－192.

[142] 马力，齐善鸿．公司社会责任理论述评[J]．经济社会体制比较，2005（2）：138－141.

[143] 马良灿．农村产业化项目扶贫运作逻辑与机制的完善[J]．湖南农业大学学报（社会科学版），2014（3）：10－14.

[144] 马良灿，哈洪颖．项目扶贫的基层遭遇：结构化困境与治理图景[J]．中国农村观察，2017（1）：2－13.

[145] 麦克戴维·詹姆斯（Mcdavid James），霍索恩·劳拉（Hawthorn Laura）著，李凌艳，张丹慧，黄琳译，项目评价与绩效测量[M]．北京：教育科学出版社，2011：173－176.

[146] 毛基业，李晓燕．理论在案例研究中的作用——中国企业管理案例论坛（2009）综述

与范文分析[J]．管理世界，2010（2）：106－113，140.

[147] 毛基业，苏芳．案例研究的理论贡献——中国企业管理案例与质性研究论坛（2015）综述[J]．管理世界，2016（2）：128－132.

[148] 潘绵臻，毛基业．再探案例研究的规范性问题——中国企业管理案例论坛（2008）综述[J]．管理世界，2009（2）：92－100，169.

[149] 彭建国．企业社会责任的原因、内容与动力——“三因三色三力”理论[J]．宏观经济研究，2010（1）：3－9.

[150] 戚安邦．现代项目管理［M］．北京：对外经济贸易大学出版社，2007：2－17.

[151] 钱锡红，杨永福，徐万里．企业网络位置、吸收能力与创新绩效——一个交互效应模型[J]．管理世界，2010（5）：118－129.

[152] 曲天军．非政府组织对中国扶贫成果的贡献分析及其发展建议[J]．农业经济问题，2002（9）：27－30.

[153] 沈海梅．国际 NGO 项目与云南妇女发展[J]．思想战线，2007（2）：116－123.

[154] 石军伟，胡立君，付海艳．企业社会责任、社会资本与组织竞争优势：一个战略互动视角[J]．中国工业经济，2009（11）：87－98.

[155] 孙飞宇，储卉娟，张闫龙．生产“社会”，还是社会的自我生产？以一个 NGO 的扶贫困境为例[J]．社会，2016，36（1）：151－185.

[156] 郜秀军，李树茁，李聪等．中国农户谨慎性消费策略的形成机制[J]．管理世界，2009（7）：85－92.

[157] 汤敏．社会投资的两个故事[J]．中国商业评论，2006（5）：30.

[158] 田祖海．美国现代企业社会责任理论的形成与发展[J]．武汉理工大学学报，2005，18（3）：346－350.

[159] 汪大海，刘金发．慈善组织参与扶贫领域社会管理创新的价值与对策[J]．中国民政，2012（12）：27－31.

[160] 王凤彬，李奇会．组织背景下的嵌入性研究[J]．经济理论与经济管理，2007（3）：28－33.

[161] 王名．N G O 及其在扶贫开发中的作用[J]．清华大学学报（哲学社会科学版），2001，16（1）：75－80，94.

[162] 汪三贵．在发展中战胜贫困——对中国 30 年大规模减贫经验的总结与评价[J]．管理世界，2008（11）：78－88.

[163] 王洋．构建和谐社会的新思路——社会投资的方式[J]．时代经贸，2008，6（4）：69－70.

[164] 武继兵，邓国胜．政府与 NGO 在扶贫领域的战略性合作[J]．理论学刊，2006（11）：57－58.

[165] 吴知峰．企业社会责任思想的起源、发展与动因[J]．企业经济，2008（11）：18－20.

[166] 许冠南，周源，刘雪锋. 关系嵌入性对技术创新绩效作用机制案例研究[J]. 科学学研究，2011，29（11）：1728-1735.

[167] 许汉泽，李小云. 精准扶贫视角下扶贫项目的运作困境及其解释——以华北W县的竞争性项目为例[J]. 中国农业大学学报（社会科学版），2016，33（4）：49-56.

[168] 许汉泽，李小云. 精准扶贫背景下农村产业扶贫的实践困境——对华北李村产业扶贫项目的考察[J]. 西北农林科技大学学报（社会科学版），2017，17（1）：9-16.

[169] 徐尚昆，杨汝岱. 企业社会责任概念、范畴的归纳性分析[J]. 中国工业经济，2007（5）：71-79.

[170] 杨团，葛道顺. 中国慈善发展报告（2009）[M]. 北京：社会科学文献出版社，2009：202-203.

[171] 曾小溪，崔嵩，汪三贵. 彩票公益金扶贫项目实施效果——基于山东、湖北、四川省的调查与思考[J]. 农村经济，2015（7）：60-65.

[172] 张海霞，庄天慧. 非政府组织参与式扶贫的绩效评价研究——以四川农村发展组织为例[J]. 开发研究，2010（3）：55-60.

[173] 章辉美，张桂蓉. 制度环境下中国企业的社会责任行为[J]. 求实，2010（1）：43-46.

[174] 张虎. 企业公益战略：通过做好事把事情做得更好[M]. 北京：中国经济出版社，2010.

[175] 张昕. 公益项目的社会评价研究[D]. 山东大学硕士学位论文，2007：18-21.

[176] 张旭，宋超，孙亚玲. 企业社会责任与竞争力关系的实证分析[J]. 科研管理，2010（3）：149-157.

[177] 张志强，王春香. 西方企业社会责任演化及其体系[J]. 宏观经济研究，2005（9）：19-24.

[178] 赵曙明. 企业社会责任要素、模式与战略最新研究述评[J]. 外国经济与管理，2009（1）：2-8.

[179] 折晓叶，陈婴婴. 项目制的分级运作机制和治理逻辑——对“项目进村”案例的社会学分析[J]. 中国社会科学，2011（4）：126-148.

[180] 郑功成. 中国的贫困问题与NGO扶贫的发展[J]. 中国软科学，2002（7）：9-13.

[181] 周燕，林龙. 新形势下我国民营企业的社会责任[J]. 财经科学，2005（5）：15-19.

[182] 周祖城，张漪杰. 企业社会责任相对水平与消费者购买意向的关系研究[J]. 中国工业经济，2007（9）：34-40.

[183] 朱俊立. 政府向慈善组织购买村级扶贫服务研究[J]. 广东商学院学报，2013（1）：88-96.

后　记

从 2011 年开始，笔者一直关注本研究中 6 个扶贫项目的进展情况。在这 6 年中，有机会观察到了大部分项目从开始到终止的过程。例如，A 企业资助的项目因毛竹园被转卖而终止；B 企业因当地镇政府的工作重点转移，不再参与曾经帮扶的高山蔬菜基地项目；D 企业因高管个人原因停止了对公益慈善平台的资助；X 慈善总会的助贫创新项目延续了 3 年多，因不敢大张旗鼓地推广，没有实现规划的资助规模；Y 慈善总会的脱贫创新项目前后执行了 5 年，后期受制度环境的影响，效果开始缩水，只能尝试其他的慈善扶贫模式，2017 年已基本处于停止状态；只有 C 企业资助的“四个一万工程”项目仍在持续进行，每年的资助规模和受助人数趋于稳定。这些现象诱使笔者开始思考，还需要从其他视角探讨社会扶贫项目的实施问题，例如，项目网络的演化，企业、慈善组织的“脱嵌”等。

在这 6 年期间，笔者也采用书中的部分案例数据，完成了自己的博士学位论文。在此非常感谢导师——华中科技大学管理学院田志龙教授。在笔者的相关研究中，一直受到田教授的鼓励和指导，从怎样选择企业社会责任项目，怎样获得有价值的信息到怎样寻找理论创新点，无不渗透着田教授的心血和学术火花，也鞭策着我走向企业、走向社会，开展了大量的实地调查。更让我难以忘记的是，在相关论文的修改、完善过程中，田教授不厌其烦地给予我指导，多次是在深夜收到他的电邮信息甚至电话，给了我极大的鼓舞。田教授还经常提醒我劳逸结合、注意身体，督促我参加体育运动，使我能够保持良好的状态投入到工作、学习中，再次表示诚挚的感谢！

更要感谢接受我访谈的企业、政府部门和慈善组织的工作人员，正是他们的大力支持，本研究的相关研究才得以顺利开展。也感谢我工作单位的领导和同事，一直以来对我工作和学习的支持！

诚挚的谢意还要送给我的父母、妻子和女儿，有多少个假期不能陪他们度过，他们的支持和理解是我的精神支柱和动力的源泉。

赵　辉
2017 年 10 月